Uwe Jakubik

Most und Saft selber machen

57 Farbfotos
7 Zeichnungen

Ulmer

Inhaltsverzeichnis

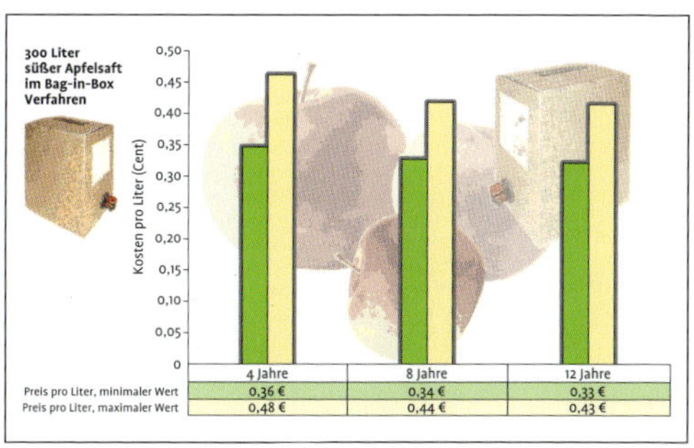
300 Liter
süßer Apfelsaft
im Bag-in-Box
Verfahren
Kosten pro Liter (Cent)
0,50
0,45
0,40
0,35
0,30
0,25
0,20
0,15
0,10
0,05
0
4 Jahre
8 Jahre
12 Jahre
Preis pro Liter, minimaler Wert
0,36 €
0,34 €
0,33 €
Preis pro Liter, maximaler Wert
0,48 €
0,44 €
0,43 €

Einführung

Kennen Sie den Duft von einem frisch abgepressten Apfelsaft oder den Geschmack von einem selbst hergestellten, naturtrüben, süßen Saft? Und wenn Sie mehr Wert auf die vergorenen Säfte legen, haben Sie schon einmal qualitativ hochwertigen Birnen- oder Apfelmost getrunken?
Frischer **Apfelsaft** – auch Süßmost genannt – direkt von der Presse ist rötlichbraun und trüb. Der Duft ist fruchtig und fast könnte man die Apfelsorten herausriechen. Der fruchtig frische Geschmack auf der Zunge lässt noch die frischen, zerkleinerten Äpfel erahnen. Aber auch der haltbar gemachte Apfelsaft kann mit diesen guten Eigenschaften glänzen. Durch den Haltbarkeitsprozess und die anschließende schonende Lagerung hat der Saft eine helle, gelbliche Farbe angenommen. Die Trübung ist nicht mehr so intensiv wie beim frisch gepressten Saft, aber sie verrät uns trotzdem, dass es sich hier um einen naturbelassenen und nicht gefilterten Apfelsaft handelt, in dem noch unzählige Vitamine und Ballaststoffe mit vielen positiven Eigenschaften enthalten sind. Verschiedene Studien zeigen, dass die im Apfelsaft enthaltenen antioxidativ wirkenden Polyphenole und andere wichtige Pflanzenstoffe eine positive und krankheitsvorbeugende Wirkung auf den Magen-Darm-Trakt haben.

Mehr Infos zu Obst? obst 1203

Daneben hat Apfelsaft noch viele weitere gesundheitsfördernde Eigenschaften, zudem ist er sehr kalorienarm, enthält kaum Eiweiß oder Fett und ist für jede Altersklasse ein erfrischendes und gesundes Getränk. Kinder mögen ihn als vitaminreiches und nährstoffreiches Getränk, für Jugendliche ist er eine echte Alternative zu den stark zuckerhaltigen Modegetränken, junge Erwachsene trinken den Apfelsaft als Durstlöscher nach dem Sport, im mittleren Alter wird er als vitaminreiches Getränk gerne getrunken und im fortgeschrittenen Alter hat der Apfelsaft als gesundheitsförderndes Getränk auch seine Berechtigung.

Der vergorene Apfelsaft – **Most**, Appelwoi oder Viez, wie er in den verschiedenen Gegenden Deutschlands genannt wird – hat je nach Region eine große bis sehr große Bedeutung. Die positiven Eigenschaften des Mostes rücken ihn in ein gebührendes Rampenlicht. Most ist ein reines Naturprodukt und eines der ältesten Kulturgetränke. Es lohnt sich also, den Most etwas näher kennenzulernen. Aber: Most ist nicht gleich Most. Die allgemeine Beschreibung „Most ist der vergorene Saft aus Birnen und Äpfeln", ist keineswegs ausreichend. Most ist viel mehr! Er ist, wenn keine Zusätze verwendet werden, ein rein biologisches Getränk. Der Alkoholgehalt schwankt zwischen 5 und 8 Volumenprozent, das ist abhängig vom Zuckergehalt des verwendeten Obstes. Most ist reich an Vitamin C, wichtigen Mineralstoffen wie Kalium und Magnesium und sehr kalorienarm. Da sich im Most, wie beim Apfelsaft, noch Trubstoffe befinden, die eine positive Wirkung auf den Magen-Darm-Trakt haben, macht ihn das zum heimlichen Favoriten unter den alkoholhaltigen Getränken. Richtig hergestellt besitzt er einen frischen Geruch, der die verwendete Obstart erahnen lässt. Das Repertoire des Geschmacks kann von Gaumen wehrend bis sanft süffig gehen. Wenn sich der Most gut entwickelt hat, nimmt er je nach verwendeter Obstart eine gelbe, gelblich grüne oder bernsteinfarbene Färbung an.

Aber wie wird nun aus Äpfeln Apfelsaft und daraus Most?

Es kostet zwar Mühe und Aufwand, aber der erste Schluck des eigenen frischen Apfelsafts oder Mosts entschädigt für alle Mühen und man kann im wahrsten Sinne des Wortes den Lohn seiner Arbeit genießen. Und wie es gemacht wird, das erfahren Sie in den nächsten Kapiteln.

Webcodes – eintippen, fertig!

Mit unseren Webcodes im Buch direkt zur gewünschten Fachinformation.

Webcodes, wie den unten abgebildeten, finden Sie auf vielen Buchseiten. Das vorangestellte Stichwort gibt Ihnen an, zu welchem Thema Sie mit Hilfe des Webcodes im Internet vertiefende Informationen erhalten.

Streuobst – Webcode: obst 1245

Einfach im Internet auf **www.ulmer.de** im Suchfeld den Webcode eintippen – fertig!

Damit gelangen Sie schnell und zielgerichtet zu weiterführenden Fachinformationen.

Oder direkt auf die Portalseite unter **www.ulmer.de/obst**

Variationsreiche Geschichte

Der **Gärmost** – oder Äppelwoi, Cidre, Cider, Viez, Scrumpy und andere Sprachgebrauchsvarianten – hat eine lange Geschichte. Funde von ausgepresstem Obst belegen, dass das Gärgetränk schon bei den Germanen bekannt war. Mit der Verbreitung des Apfels verliefen auch die Spuren des Mostes kreuz und quer durch ganz Europa. Er war und ist beliebt wegen seiner Natürlichkeit, Lagerfähigkeit, seiner Kalorienarmut und seiner erheiternden Wirkung. Durch die Römer wurde die Kunst des Kelterns von Wein und Obst über die Alpen in unsere Region gebracht.

Aber auch in anderen Regionen Europas ist der Apfelwein verbreitet. Im Norden von Spanien – vor allem in den baskischen Provinzen – wird der aus Äpfeln hergestellte **Sidra** gerne als Haustrunk zum Abendessen getrunken. Aber auch in Frankreich als **Cidre** und England als **Cider** hat der Apfelwein seinen festen Platz. Herstellung und Geschmack unterscheiden sich deutlich von der traditionellen Mostherstellung im süddeutschen Raum. Der französische Cidre – aus Äpfeln – und der Poiré – aus Birnen – sind Spezialitäten, die überwiegend in den nordfranzösischen Regionen getrunken werden. Das Markenzeichen dieses Saftes ist die Flaschengärung. Schon während des Einschenkens kann man die Spritzigkeit sehen und der moussierende Geschmack verleiht dem Cidre das Besondere.

Der in England getrunkene Cider unterscheidet sich deutlich vom heimischen Most oder Äppelwoi. Durch Aufzuckerung wird der Alkoholgehalt des Cider auf 12 bis 14 Prozent Volumenalkohol gebracht, dadurch wird er lange lagerfähig. Vor

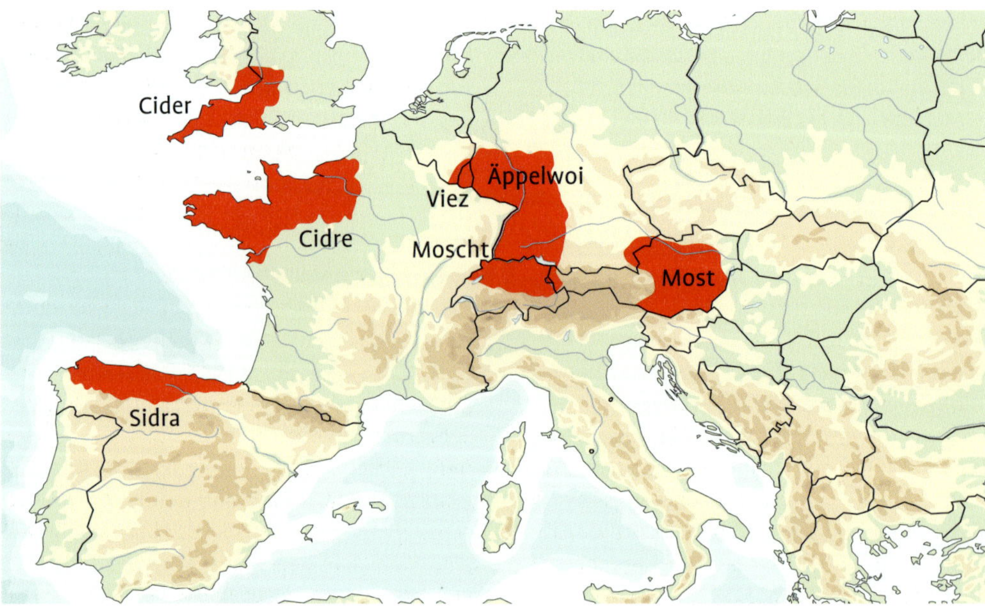

Die größten Mostobstgebiete in Europa und die landesüblichen Bezeichnungen.

Obstpresse von 1800. Der Antrieb erfolgte durch Kühe oder Ochsen (Freilichtmuseum Beuren).

der Abfüllung wird er mit Wasser verdünnt und der Alkoholgehalt auf 6 bis 8 Prozent Volumenalkohol reduziert. Er wird im Gegensatz zu den süddeutschen Regionen in fast jedem Pub frisch aus dem Fass ausgeschenkt. Eine weitere Variante ist der **Scrumpy**. Darunter versteht man einen starken, trüben, alkoholreichen Cider aus Südwestengland, der – in geringen Mengen getrunken – schon nach kurzer Zeit zur Hebung der Fröhlichkeit beiträgt.

Aber ab wann begann der Siegeszug des **Apfelsaftes**? Im Gegensatz zum vergorenen Saft konnte der Apfelsaft nicht gelagert werden. Unsere Vorfahren haben große Anstrengungen unternommen, um Apfelsaft über eine längere Zeit haltbar zu machen, aber alle Versuche führten nicht zum gewünschten Erfolg. Erst als Mitte des 19. Jahrhunderts Louis Pasteur einen Weg fand, wie unerwünschte Mikroorganismen beispielsweise in Flüssigkeiten ohne nennenswerten Geschmacksverlust abgetötet werden konnten, war der Weg frei für die Haltbarmachung von Apfelsaft und weiteren Fruchtsäften.

In Deutschland hat die Nachfrage nach Apfelsaft und Most in den späten 1950er-Jahren, entgegen dem allgemeinen Trend des Wirtschaftswachstums, deutlich abgenommen. Gefragt waren Bier, Wein, zuckerhaltige Limonaden und andere Trendgetränke. Viel später erst, in den 1990er-Jahren, fand eine Rückbesinnung bei den Konsumenten statt – sicherlich auch geprägt durch die vielen Lebensmittelskandale der Vergangenheit. Naturbelassenheit bei den Äpfeln, beim Apfelsaft und auch beim Most waren wieder gefragt. Eine steigende Nachfrage nach süßem und vergorenem Apfelsaft konnte von Jahr zu Jahr beobachtet werden. Der Apfelsaft ist Deutschlands meistgetrunkener Fruchtsaft und mit 12,4 Liter (Stand 2005) pro Kopf und Jahr sind die Deutschen Weltmeister im Apfelsaftkonsum. Bis auf ganz wenige Ausnahmen sind alle ernährungsphysiologisch wichtigen und wertvollen Bestandteile des Apfels auch im Apfelsaft enthalten.

Ökologische Aspekte

Südwestdeutschland wird geprägt von Streuobstwiesen mit Apfel- oder Birnenhochstämmen, die sich über viele Jahrzehnte um die Ortschaften gebildet haben. Für viele Generationen waren die Früchte von diesen Bäumen und deren Weiterverarbeitung zu Saft oder Most Grundlage für ein gewisses Wohlstandsniveau. In unserer heutigen recht schnelllebigen und globalen Welt ist es für viele Menschen nicht mehr so wichtig zu wissen, ob das Obst aus Neuseeland, Chile, Argentinien oder Südafrika kommt. Selbst bei der Ernte dabei zu sein und das geerntete Obst zu pressen, dazu haben viele gar keine Möglichkeit, wenn doch, ist oft zu wenig Zeit und Lust vorhanden – das ist eher etwas für die „Alten". Und im Discounter kostet ein Liter Apfelsaft 49 Cent oder noch weniger – warum also die Arbeit? Aber um die Tragweite der ökologischen Einflussfaktoren durch den Streuobstanbau, Most- und Saftherstellung gesamtheitlich zu erfassen, bedarf es einer breiteren Sichtweise.

Basis für den ökologischen Obstanbau ist der angestrebte **Kreislauf** in der Region: von der Obsterzeugung über die Ernte, den Transport in die nahe Mosterei oder Safterei bis zur Mitnahme des Saftes nach Hause und den Ausbau zum Apfelsaft oder vergorenen Most. Der Zukauf von Obst, das über viele 100 Kilometer transportiert worden ist, wird vermieden. Dieser Kreislauf zeichnet sich dadurch aus, dass von der Erzeugung bis zur Verwertung fast ohne chemische Hilfsmittel ausgekommen wird und das ist ein Qualitätsmerkmal.

Streuobstwiesen haben einen großen Einfluss auf das lokale Klima in der Region, sie bremsen den Wind und verhindern die Bodenerosion. Sie geben einer Vielzahl von Tieren Schutz und Nahrung und erhalten die Vogel- und Insektenvielfalt. Nicht zu vernachlässigen ist der landschaftsprägende Charakter, der in strukturarmen Gebieten mit zur Belebung des Tourismus beigetragen hat.

Eine Streuobstwiese im Herbst – etwas fürs Auge und ökologisch wertvoll.

Rechte Seite: Streuobstwiese in voller Blüte.

Mehr zu Streuobst obst 1245, 1246

Obstauswahl, Pflückreife und Ernte

Die Herstellung eines hochwertigen Saftes oder Mostes ist in erster Linie von der Qualität des Obstes und der Sortenzusammensetzung abhängig. Als Ausgangsmaterial sollten Sie gut reifes, frisches, gesundes und sauberes Obst verwenden. Es versteht sich von selbst, dass die sichtbar wurmigen, fauligen, schimmeligen sowie die extrem stark schorfigen Äpfel vorher aussortiert werden. Kleine Äste und Blätter werden vor dem Einfüllen in Kisten oder Säcke entfernt. Damit Ihre Bandscheiben und die Rückenmuskulatur nicht zu stark belastet werden, sollten Sie die kleineren 25-kg-Säcke oder nur zur Hälfte gefüllte große Säcke bei der Ernte einsetzen.

Für die Herstellung des Gärmostes eignen sich **Äpfel** und **Birnen**. Der Anteil der süßen Sorten sollte ⅔, der der säure- und gerbstoffhaltigen Äpfel (Mostobst) ⅓ betragen. Werden Birnen hinzugegeben, muss berücksichtigt werden, dass der Säuregehalt der Birnen gegenüber dem der Äpfel mehrheitlich etwas geringer ist und der Gesamtsäuregehalt des Saftes dadurch sinkt. In diesem Fall sind mehr säurereiche Äpfel zu verwenden. Demgegenüber besitzen Birnen, vor allem die ausgesprochenen Mostbirnen, einen höheren Gerbsäuregehalt – dadurch wird die Haltbarkeit positiv beeinflusst. Aber je mehr Birnen hinzugegeben werden, desto mehr verändert sich der Geschmack des Saftes in Richtung „herb".

Für die Herstellung von süßem Apfelsaft verwenden Sie überwiegend zuckerhaltige Äpfel. Sie geben dem Saft den fruchtigen und süßen Geschmack. Birnen können dazugegeben werden, aber sie haben einen starken Einfluss auf den Geschmack, der sehr schnell „rau" werden kann.

Am besten, Sie probieren aus und schreiben auf, was Ihnen und Ihrer Familie schmeckt.

Geeignete Obstsorten für die Saft- und Mostherstellung

Auf den Seiten 11–14 sind für die Mostherstellung gut geeignete Apfel- und Birnensorten in Bild und Text dargestellt.

Gute Sorten für die Mostherstellung

Äpfel: Kasseler Reinette, Luikenapfel, Boikenapfel, Jakob Lebel (am besten gleich nach der Ernte), Bismarkapfel, Ontario, Brettacher, Gravensteiner.

Birnen: Weilersche Mostbirne, Champagner Bratbirne.

Gute Sorten für die Saftherstellung

Äpfel: Kasseler Reinette, Luikenapfel, Boikenapfel, Jakob Lebel (am besten gleich nach der Ernte), Bismarkapfel, Ontario, Brettacher, Gravensteiner.

Birnen: Weilersche Mostbirne, Champagner Bratbirne.

Weniger geeignet sind die reinen Sommersorten wie Klarapfel, Piros und kurz haltbare Herbstsorten wie Fiesta oder Jakob Fischer. Die Sommeräpfel sind entweder saftig, dann sind sie aber auch sehr säuerlich, oder sie sind süß, dafür aber musig. Es muss auch berücksichtigt werden, dass zu diesen Ernteterminen die allerwenigsten Mostereien oder Saftereien geöffnet haben.

Wann ist das Obst reif?

Die Antwort auf diese Frage soll mit ein paar wenigen, allgemein gültigen Hinweisen zur Bestimmung des Reifegrades des Obstes gegeben werden.

Kernfarbe: Wenn Sie einen Apfel aufschneiden und die Kerne des Apfels noch sehr hell oder hell-

Pflanzung, Pflege, Schnitt obst 1217, 1252, 1254-1258

Geeignete Apfelsorten für die Mostherstellung

Eignung für Saft

Bittenfelder

● sehr gut
○ gut

Bohnapfel

○ sehr gut
● gut

Hauxapfel

● sehr gut
○ gut

Remo

● sehr gut
○ gut

Sorten obst 1209

Schüttelreife	Geschmack	Frucht	Standort	Bemerkung
Ab Mitte bis Ende Oktober	Herb-fruchtig bis säuerlich, Zuckerreichtum durch Säure überdeckt	Klein bis mittelgroß	Kann auch in rauen Lagen gepflanzt werden	Bei geringer Fruchtgröße ist ein relativ hoher Ernteaufwand notwendig. Sehr gute Sorte für Apfelsaft und Apfelwein. Wenig schorfanfällig. Starke Neigung zur Alternanz
Ab Mitte Oktober	Schwach süß, herb-säuerlich	Klein bis mittelgroß, rund 110 g schwer	Anspruchslos, kann auch in schwierigen Lagen gepflanzt werden	Der Bohnapfel neigt zur Alternanz. Mittlere Ausbeute. Neben Bittenfelder eine der begehrtesten Mostsorten. Geringe Anfälligkeit gegen Schorf, Feuerbrand
Mitte bis Ende Oktober	Fruchtig-feinsäuerlich.	Groß und schwer bis zu 200 g/Apfel.	Anspruchslos, kann auch in höheren Lagen (Schwäbische Alb) gepflanzt werden	Aufgrund der großen Früchte relativ geringer Ernteaufwand. Ziemlich hoher Säuregehalt. Gute regelmäßig wiederkehrende Ausbeute
Mitte bis Ende September	Fruchtig-feinsäuerlich	Mittelgroß ca. 120–150 g schwer	Keine großen Ansprüche	Neue Sorte. Große und saftreiche Früchte. Guter Säuregehalt. Eignet sich auch als Back- und Dörrobst. Geringe oder keine Schorfanfälligkeit

Geeignete Birnensorten für die Mostherstellung

Eignung für Saft

Gelbmöstler

● sehr gut
○ gut

Schweizer Wasserbirne

● sehr gut
○ gut

Oberösterreichische Weinbirne

○ sehr gut
● gut

Palmischbirne

○ sehr gut
● gut

Schüttelreife	Geschmack	Frucht	Standort	Bemerkung
Ab Mitte September	Säuerlich-herb, sehr saftig	Klein und selten schwerer als 100 g	Wenig anspruchsvoll, auch für Höhenlagen geeignet	Wertvolle Most- und Brennbirnensorte. Robust und wenig anfällig. Liefert sehr gute Saftqualität. Sehr stark feuerbrandanfällig!
Ab Ende September	Schwachfruchtig, süßlich-wässrig	Klein bis mittelgroß	Kann in Höhenlagen bis 800 m gepflanzt werden	Sehr gute Saftausbeute, aber mit wenig Säure. Kann für die Dörrobstherstellung empfohlen werden. Feuerbrandanfällig
Ab Mitte Oktober	Schwachsüßlich	Mittelgroß	Keine großen Ansprüche an den Standort	Wertvolle Birnensorte für die Herstellung von Obstwein. Zucker- und gerbstoffreich mit relativ guter Ausbeute. Sehr feuerbrandanfällig!
Mitte bis Ende September	Süßherb	Klein	Universell, von warm bis in Höhenlagen von über 700 m	Wenig krankheitsanfällig, anspruchslos, wertvolle Most- oder Saftbirne

braun sind, dann sollte mit der Ernte noch mindestens zwei bis drei Wochen gewartet werden. Die Farbe der Kerne muss Braun bis Schwarzbraun sein.

Schüttel- oder Pflückreife: Lässt sich die Frucht nur sehr schwer vom Fruchtholz lösen und wird das Schütteln mit der Schüttelstange zum Kraftakt – dann lieber mit der Ernte noch ein bis zwei Wochen warten, bis die Früchte sich leicht lösen.

Zuckergehalt: Besitzen Sie einen Refraktometer, so kann der Zuckergehalt der Früchte schon auf der Baumwiese gemessen werden, der Saft sollte mindestens eine Süße (Oechsle-Grad) von 50 besitzen, dann kann mit der Ernte begonnen werden. Je länger die Früchte aber Sonne „tanken", desto süßer werden sie, Oechslegrade von 56–60 sind in guten Jahren möglich.

Stärkeanteil: Die Früchte dürfen nur noch wenig Stärke besitzen – der Biss in einen zu früh geernteten Apfel verursacht viele Falten, er schmeckt rau und körnig und der Abbiss ist extrem fest. Dieser Apfel ist für die Saftherstellung nicht geeignet. Messen können Sie den Stärkeabbau in der Frucht mit einer Jodlösung (Lugol'sche Lösung). Hier wird auf die Schnittfläche des Apfels die Jodlösung aufgeträufelt, die stärkehaltigen Bereiche verfärben sich dunkel und mit einer entsprechenden Skala kann der Stärkegrad beurteilt werden.

Tipps für die erfolgreiche Ernte

Ein Trend, der in den letzten Jahren zu beobachten ist, dass viele Gemeinden oder ältere Obstwiesen-Besitzer Patenschaften für ihre Obstgrundstücke anbieten. Üblicherweise übernimmt der Pate oder die Patengemeinschaft die Pflege für das Grundstück und bekommt das Obst dafür umsonst. Meistens sind es junge Familien oder interessierte Menschen, die sich darauf melden. Wenn Sie zu dem Kreis gehören, der noch wenig Erfahrung mit einer Obsternte hat, sind nachfolgend ein paar Tipps aufgeführt, die Ihnen den Ablauf der Ernte erleichtern können.

Das kurze **Abmähen** der Wiese ein bis zwei Tage vor der Ernte erleichtert das Auflesen deutlich – das lästige Suchen der Früchte im hohen Gras entfällt – das herunterfallende Obst kann viel schneller aufgelesen werden.

Bevor das Mostobst von den Bäumen geschüttelt wird, ernten Sie vorher das schöne Tafelobst. Dieses Obst wird von Hand „gebrochen" oder mit dem Obstpflücker geerntet und sanft in bereitgestellten Kisten abgelegt. Nachdem die Tafelobsternte abgeschlossen ist, werden die restlichen Früchte und das Mostobst von den Bäumen geschüttelt.

TIPP: Vor dem Schütteln kann der Wiesenbereich um den Baum mit zwei stabilen Kunststoffplanen ausgelegt werden. Je nach Baumgröße beträgt die Planengröße 4 × 6 m oder 6 × 8 m. Damit wird viel Auflesezeit gespart.

Die eigentliche Mostobsternte wird mit dem **Schüttelhaken** durchgeführt. Der Schüttelhaken wird in der Mitte oder im letzten Drittel des Astes – wenn möglich in einer Astgabel (Verringerung von Verletzungen der Baumrinde) angelegt. Wenn der Haken zu weit am dünneren Astende angelegt wird, besteht die Gefahr, dass der Ast beim Schüttelvorgang bricht. Mit vier bis fünf kräftigen Zugbewegungen nach unten wird der Ast geschüttelt. Reifes Obst fällt „freiwillig" vom Baum.

Die mit auf die Planen gefallenen Blätter und Äste können schnell aussortiert werden, die Früchte können dann direkt in Säcke oder Kisten gefüllt werden. Selbstverständlich geht es auch ohne Planen, dann ist die Arbeit aber etwas mühevoller.

Für das Arbeiten auf der Wiese und auch in der Mosterei tragen Sie am besten entsprechende Arbeitskleidung, bei der Obstflecke keine Rolle spielen.

Unterwuchs-Pflege obst 1247

TIPP: Verschließen der Obstsäcke

- Ein grober Bindfaden aus Naturfaser eignet sich besser (er ist rauer) als ein Kunststofffaden (rutscht leichter durch).
- Säcke mit einer lösbaren Schleife verschließen – spart Zeit in der Mosterei.

Oben: Apfelernte mit Oldtimer-Traktor und Apfelkisten.
Unten: Das Auflesen ist einfacher, wenn vorher gemäht wird.

Erntewerkzeuge

Für die Ernte des Tafel- oder Mostobstes können **Pflückkörbe**, Obstkisten, Obstsäcke aus Jute oder Kunstfaser verwendet werden. Plastiksäcke eignen sich sehr schlecht für den Transport und wenn das Obst zu lange in den Säcken bleibt, kann es sehr schnell von Schimmelpilzen befallen werden.

Obstpflücker am Stiel eignen für das Ernten von Tafelobst. Mit einem Obstpflücker lassen sich die guten Äpfel bequem vom Baum ernen.

Schüttelhaken

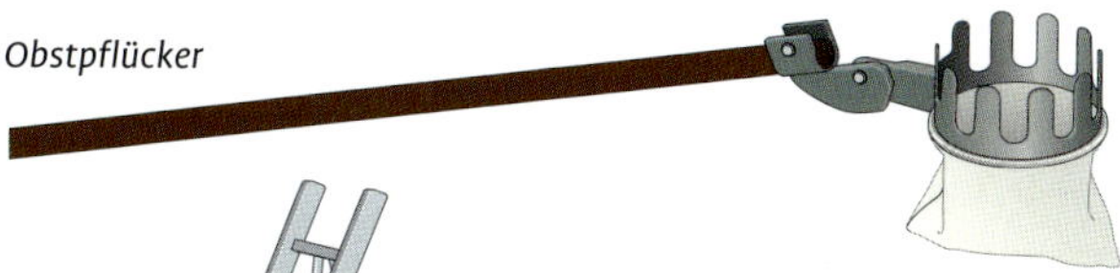
Obstpflücker

Obstbaum-Stützleiter

Pflückkorb

Mit dem **Schüttelhaken** mit einer Holzstange (3 m bis 5 m lang) oder in Teleskopausführung aus Metall (z. B. Firma Wolf) „schütteln“ Sie das Mostobst vom Baum. Die Befestigung des Schüttelhakens an der Holzstange erfolgt mit einem Nagel oder einer Schraube .

Die **Obstbaum-Stützleiter** gibt es in Holz- oder Leichtmetallausführung in festen Längen oder als Teleskopausführung. Sie unterscheidet sich von den handelsüblichen Leitern dadurch, dass die Stützenstangen beweglich sind und die Stützleiter dadurch leichter in den Baum eingestellt werden kann. Am unteren Ende besitzen die Stützstangen je eine ca. 7 cm lange Erdspitze. Diese dringen in den Boden ein und vermeiden dadurch ein Abrutschen. Die Holzleiter ist etwas pflegeintensiver als die Aluminiumleiter. Sie sollte nicht zu lange der Nässe ausgesetzt werden und wenn sie längere Zeit nicht benutzt wird, sollte sie in einem geschützten Raum gelagert werden. Die Aluminiumleiter ist um ¼ bis ⅓ leichter als die Holzleiter, fühlt sich aber im Winter sehr kalt an. Beim Leiterkauf sollte auf das GS-/CE-Zeichen geachtet werden.

SICHERER UMGANG MIT LEITERN UND TRITTEN

- Keine schadhaften Leitern und Tritte verwenden.
- Leiter so an den Baum anlehnen, dass sie nicht nach hinten kippen kann.
- Leitern nur auf rutschsicherem Boden aufstellen.
- Bei Arbeiten auf der Leiter nicht zu weit seitlich hinauslehnen.
- Anlegeleitern nicht an unsichere Punkte anlegen, z. B. an schwachen oder kranken Ästen.
- Auf gewachsenem Boden Erdspitzen verwenden.

Vom Apfelbaum zum Apfelsaft

Wie kommt das Obst zur Presse?

Sofern Sie keinen großen Garten besitzen und nicht mit Hilfe einer Hauspresse Ihr Obst vor Ort pressen, werden Sie das Obst von der Baumwiese zur Obstsammelstelle, Safterei oder Mosterei transportieren. Dafür eignen sich, je nach anfallender Menge, verschiedene Transportmöglichkeiten.

Für kleinere Mengen kommen überwiegend die **Obstholzkisten** zum Einsatz. Diese Kisten können in Obsthandlungen, Gärtnereien, evtl. Lebensmittelmärkten für einen geringen Betrag oder kostenlos erstanden werden. Der Vorteil der Kisten besteht darin, dass sie sich stapeln lassen und leicht in einem PKW bzw. auf einem Anhänger transportiert werden können.

Größere Obstmengen werden in **Säcken** aus Jute oder Kunstfaser transportiert. Säcke aus Vollkunststoff eignen sich nur für den kurzen Transport zwischen Baumwiese und Mosterei. Eine Lagerung der Früchte in Vollkunststoffsäcken über einen längeren Zeitraum ist zu vermeiden.

In den Foliensäcken wird es sehr schnell warm und feucht, dies wiederum sind die idealen Voraussetzungen für die Vermehrung von Pilzen und das Obst fängt sehr schnell an zu schimmeln. Für größere Mengen (> 300 kg) sollte für den Transport ein **Anhänger**, der auch geliehen werden kann, zum Einsatz kommen.

In der Mosterei

Die ländlichen Mostereien unterscheiden sich von den großen Saftereien vorwiegend dadurch, dass der Automatisierungsgrad nicht so hoch ist und individuelle Wünsche eher berücksichtigt werden. Im Wesentlichen ist der Prozessablauf bei den Mostereien und Saftereien ähnlich. Er beginnt mit der Obstannahme, hier wird das Obst gewogen (wenn nach Gewicht und nicht nach Litern abgerechnet wird), im Anschluss daran werden die Früchte **gewaschen**. Das ist notwendig, damit das aufgelesene Obst von Laub, Blättern, Gras, Erde und kleineren Äste befreit wird.

Nach dem Waschvorgang wird das Obstgut in einer Mühle mechanisch **zerkleinert** („gerissen"). Je nach technischem Standard sind die Betriebe mit einer Flügelwalzen-, Quetsch- oder Rätzmühle ausgerüstet. Überwiegend findet man die Rätzmühle in den Mostereien vor, sie wird vor allem zur Zerkleinerung von Kernobst verwendet. Das Obst wird von einem Rotor gegen die Mühlenwand geschleudert. In der unteren Hälfte des zylindrischen Mahlraumes befinden sich Messer,

Links: Vor der Mosterei wartet ein vollbeladener Anhänger darauf, seine wertvolle Fracht abladen zu dürfen.
Rechts: Das Obst wird in den Waschbehälter gekippt.

die das Obst zerkleinern. Die so gewonnene Maische wird der Presse zugeführt.
In den Mostereien kommen überwiegend zwei Pressenarten zum Einsatz: die Packpresse und die Bandpresse.
Die **Packpresse** besteht im Wesentlichen aus vier Hauptteilen: dem Maschinenaufbau, dem Presstisch, dem Hydraulikstempel und der Steuerung. Nach dem Waschen und Reißen des Obstes wird die Maische in vorbereitete einzelne Presstücher gefüllt und in Lagen von 8 bis 15 – je nach Maschine – übereinandergestapelt. Zur Erhöhung der Stabilität kommt ein Holzrost zwischen jede Presstuchlage. Nachdem alle Presslagen aufgestapelt sind, beginnt der Pressvorgang. Die mit der Maische gefüllten Presstücher werden mit Hilfe eines Hydraulikstempels gegen eine Abschlussplatte gedrückt. Das hydraulische System arbeitet mit Wasser oder Öl und erreicht einen Druck von ca. 8 bis 10 bar, moderne Pressen arbeiten mit bis zu 20 bar. Mit zunehmendem Druck platzen die Zellwände des Fruchtfleisches, der Saft tritt aus und fließt in die Auffangwanne. Der Ausbeutesatz liegt zwischen 70 % und 80 % und ist abhängig von der Pressdauer, dem Pressdruck und der Maischequalität. Nach dem Abschluss des Pressvorganges werden die ausgepressten Presstücher von der Presse genommen und entleert.
Die **Bandpresse** arbeitet nach einem anderen Prinzip. Sie besteht aus zwei stabilen Rahmenkörpern, Walzen mit verschiedenen Durchmessern, den Siebbändern, einem Tresterauswurf und der Steuerung. Die Siebbänder sind Endlosbänder und laufen kontinuierlich durch die Maschine. Die Maische wird auf das Siebband gebracht und läuft langsam in Richtung Maschineneinzug. Hier wird das zweite Siebband zugeführt, sodass die Maische zwischen diesen beiden Bändern eingeschlossen wird. Im Anschluss daran geht es durch ein umfangreiches Walzensystem mit verschiedenen Walzen, Walzendurchmessern und unterschiedlichen Umschlingungswinkeln. Durch die leicht unterschiedlichen Umfangsgeschwindigkeiten der Siebbänder zueinander, dem Anpressdruck der Bänder an die Walze und der Presszeit platzen die Zellwände und der Saft tritt aus. Der

Maische ist mechanisch zerkleinertes Obst.

Saft fließt in eine Auffangwanne außerhalb der Maschine. Der Ausbeutesatz bei den neueren Bandpressen ist vergleichbar mit denen einer Packpresse und liegt zwischen 68 % und 76 %.
Grundsätzlich gibt es zwei wesentliche Unterschiede zwischen den **Pressprinzipien** von Band- und Packpresse.
Da in den verschiedenen Mostereien Packpressen mit großen Technologieunterschieden – viele sind älter als 40 Jahre – zum Einsatz kommen, hat das Auswirkungen auf den Pressdruck. Je nach Höhe des Pressdruckes schwankt die Saftausbeute und damit der Ausbeutesatz.
Durch Befüllung und Entleerung der Presstücher dauerte es bei der Packpresse etwas länger, bis der Apfelsaft im Transportfass ist. Zusätzlich fallen bei dieser Art der Pressung weniger Trubstoffe an. Bei der Bandpresse findet der Pressvorgang kontinuierlich statt, und es ist wenig Handarbeit notwendig, die Maische kommt gleich nach dem Reißen oder Rätzen auf das Siebband und wird der Maschine zugeführt. Nach dem Durchlaufen der verschiedenen Walzen wird die gepresste

Oben rechts: Eine Packpresse in Betrieb.
Rechts: Bandpresse bei der Arbeit.

Maische als Trester am Ende der Maschine automatisch abgeschabt und auf einen Tresterwagen befördert. Je nach Bandgeschwindigkeit und Bandbreite können bis zu 500 kg oder mehr in einer halben Stunde verarbeitet werden. Die Eigenarbeit beschränkt sich auf die Anlieferung des Obstes und das Umleeren auf das Förderband. Danach läuft alles automatisch ab. Der Trubstoffanteil ist bei der Bandpressung höher als bei der Packpressung und sollte für die spätere Saftverarbeitung berücksichtigt werden.

Heute sind in den meisten Mostereien Bandpressen der Standard und der Kunde hat eigentlich keine echte Auswahlmöglichkeit bei der Art der Presse.

VOR- UND NACHTEILE DER PRESSEN

- Bei der Packpresse fallen weniger Trubstoffe an, dadurch ist bei der Herstellung von Apfelsaft die Bodensatzbildung geringer als beim Pressen mit der Bandpresse.
- Durch den höheren Pressdruck bei den Packpressen ist die Saftausbeute höher.
- Der Pressvorgang bei der Packpresse dauert länger als bei der Bandpresse.
- Automatisierter Ablauf bei der Bandpresse ab der Maischezuführung bis zur Tresterentsorgung.

Kleine Hauspresse

Eine Sonderstellung unter den Pressen nimmt die kleine Hauspresse ein. Diese Pressen sind klein, handlich und finden immer einen Platz im Keller oder in der Garage.

Auf dem Markt werden verschiedene Ausführungen von Hauspressen angeboten:

- Korbpresse in Spindelausführung,
- Korbpresse mit innenliegendem Druckkörper,
- Packpresse mit Spindel,
- Packpresse mit Handhydraulik,
- Packpresse elektrisch angetrieben.

Wenn Sie sich für eine kleine Hauspresse entscheiden, sollten Sie immer eine **Obstmühle** mit dazu kaufen. Das Zerkleinern des Obstes mit Küchengeräten oder mit einem Gartenhäcksler führt zu keinen brauchbaren Ergebnissen. Die Qualität der Maische ist unbefriedigend, da die Partikelgröße des zerkleinerten Obstes zu fein ist. Die Zeit, die Sie für das Zerkleinern benötigen, steht in keinem Verhältnis zur Ausbeute.

Die notwendigen Obstmühlen werden mit Handbetrieb oder mit Elektroantrieb für das Reißwerkzeug angeboten. Sind die Obstmengen regelmäßig größer als 50 Kilogramm, so ist eine Obstmühle mit Elektroantrieb zu empfehlen, es

Eine kleine Hauspresse: Korbspindelpresse.

Obstmühlen und Obstpressen für den Hausgebrauch

Bauart	Durchsatzmenge	Ausbeute (l/dt Obst)	Kosten-/Nutzen-verhältnis	Bemerkung
Obstmühlen für Handbetrieb	100 bis 150 kg/h		Gut, abhängig von der Menge	
Obstmühlen mit elektrischem Antrieb	Ab 150 kg/h		Gut bis sehr gut, je nach Ausführungsart und Mengenleistung	Bei höherem Bedarf Motoren mit 400 Volt-Anschluss notwendig
Korbpresse mit Spindelantrieb von Hand	10 bis 30 kg je Pressung	50 bis 60	Befriedigend	
Wasserpresse mit Pressschlauch	10 bis 30 kg je Pressung	47 bis 55	Befriedigend	Die Höhe des Ausbeutsatzes ist abhängig vom zur Verfügung stehenden Wasserdruck
Packpresse mit mechanischem Handspindelantrieb	Ab 20 kg je Pressung	50 bis 60	Befriedigend bis gut für kleine Mengen	
Packpresse mit hydraulischem Pressenantrieb	Von 50 bis 100 kg je Pressung	55 bis 65	Gut bei kleinen Maschinen	Benötigt wenig Standfläche. Gute Ausbeute

sei denn, die komplette Familie beteiligt sich an der Mühlenarbeit.

Die kleinen Hauspressen werden überwiegend von Hand betrieben und sind ausnahmslos auf kleine Mengen von 50–150 kg in der Stunde ausgelegt. Je nach Maschinenausführung kann der Pressdruck auf verschiedene Arten erzeugt werden:

- Mit einer **Rätsche** wird der mit einer Spindel verbundene Pressdeckel langsam auf das Pressgut hinuntergeschraubt.
- Über eine **Hydraulikeinheit** – die prinzipiell wie ein Wagenheber funktioniert – wird durch Handbetätigung der Hydraulikstempel auf den Pressdeckel ausgefahren.
- Ein geschlossener **Folienhochdruckschlauch** wird direkt mit Wasser aus dem Leitungsnetz gefüllt, er bläht sich auf und das Pressgut wird durch den Wasserdruck an die Pressenwand gedrückt und zerquetscht.

Die Maische wird in den Presskorb oder in die Presstücher gefüllt. Mit dem Pressen kann begonnen werden, wenn die Befüllung abgeschlossen ist. Wird der Kraftaufwand so groß, dass „fast nichts mehr geht“, dann ist der maximale Pressdruck erreicht. Nach einer kurzen Wartezeit von ca. 0,5 bis 1 Minute kann der Pressdruck nochmal leicht erhöht werden, dadurch wird die Ausbeute etwas erhöht. Nachdem der Pressstempel zurückgefahren wurde, wird die Presse entleert. Geringe Trestermengen können kompostiert werden.

Die kleine Hauspresse lohnt sich dort, wo die Anfahrtswege zu einer Mosterei sehr weit sind, die anfallenden Mengen gering ausfallen, der

Fertig befüllte kleine Hauspresse.

Vergleich der unterschiedlichen Pressdrücke

Druckaufbau	Druckhöhe
Wasserdruck (Stadtwerke)	max. 5 bar
Handspindel (z. B. Rätsche)	3 bis 5 bar
Handhydraulik	max. 7 bar
Mostereipressen (elektrohydraulisch)	10 bis über 20 bar

Bedarf nach Individualität vorhanden ist oder das Mosten zu Hause einen familiären Mittelpunkt einnimmt. Allerdings ist das Reinigen der Kleinpressen sehr aufwendig und benötigt einiges an Zeit.

Vergleicht man die Hauspressen mit den Pressen in den Mostereien, so liegen die wesentlichen Unterschiede in der Verarbeitungsmenge, dem Mechanisierungsgrad und den Pressdrücken. Die Pressdrücke sind bei den Hauspressen deutlich geringer. Dadurch ist die **Ausbeute** bei den Hauspressen deutlich niedriger, sie liegt zwischen 50 % und max. 65 %. Durch die Kompaktheit der Anlage und die einfache Bedienung kann aber fast zur jeder Zeit frischer Apfelsaft abgepresst werden, auch das Beimischen von anderen Obstsorten ist kein Problem.

Eine Frage des Geschmacks – Presssaftbeimischungen

Sie können natürlich auch einen Apfelsaft herstellen, der Ihre ganz persönliche Geschmacksnote besitzt. Oder möchten Sie einen besonders klaren Most oder soll Ihr Most eine rötliche Farbe besitzen? Vielleicht mögen Sie ja auch Most oder Saft mit Birnengeschmack? Durch die Zugabe von anderen Früchten können Sie einen Saft oder einen Most mit Ihrer ganz persönlichen Geschmacksnote herstellen.

Es ist grundsätzlich möglich, die Äpfel mit anderen Früchten gemeinsam zu reißen. Durch die Zugabe von anderen Obstarten wie z. B.:

- Quitten,
- Birnen,
- Holunder,
- Speierling,
- Rote Johannesbeeren oder
- Weintrauben

kann der Saft verfeinert oder nach eigenen Vorstellungen geschmacklich verändert werden (Mengen siehe Tabelle rechts). Gelegentlich lehnen die Mostereien es allerdings ab, stark färbende Früchte wie Holunder, Johannisbeeren oder rote Weintrauben mitzupressen. Dies müssen Sie in Ihrer Mosterei vorher abklären.

Presssaftqualität überprüfen

Für einen gehaltvollen Süß- oder Gärmost ist eine Zusammensetzung von verschiedenen Obstsorten mit einem hohen Zuckergehalt und einem überdurchschnittlich hohen Säurewert wichtig. Das Verhältnis von Zucker zu Säure im Presssaft ist maßgeblich für die Harmonie des Saftes oder des Mostes.

Wird nur säurearmes Tafelobst z. B. Golden Delicious verwendet, können sich Mikroorganismen leichter vermehren und die Haltbarkeit des Saftes verringern. Zudem erscheint der spätere Gärmost blass und gehaltlos, im Glas wird er durch die Oxidation sehr schnell dunkel.

Für die Herstellung von Süßmost sind Sorten mit einem hohen Zuckergehalt wie z. B. Boskop, Cox Orange oder Goldparmäne zu bevorzugen – siehe Tabelle auf Seite 30. Den Zucker- bzw. Säuregehalt des Presssaftes können Sie mit verschiedenen Geräten messen. Die Funktion und die Arbeitsweise der wichtigsten Messgeräte werden im nachfolgenden Abschnitt näher beschrieben.

Zuckergehalt

Infolge der großen Schwankungen des Zucker- oder Säuregehaltes bei Obstsäften stellt sich jedes Jahr die Frage: „Welchen Zuckergehalt hat der Saft?". Denn es gilt: Je mehr Zucker im Presssaft, desto mehr Alkohol entsteht bei der Gärung und desto haltbarer wird der Most sein. Wenn Sie häufig Süß- oder Gärmost herstellen, lohnt sich der Kauf einer **Mostwaage**, die im Schnitt um 30 € kostet. Mit ihr kann die zu erwartende Qualität des Saftes bzw. Mostes (Zuckergehalt) besser beurteilt werden. Mit dieser Waage kann der Zuckergehalt in Flüssigkeiten gemessen werden. Sie besteht aus einem spindelförmigen Glasstab von 1–2 cm Durchmesser, auf dem eine Skala – die Oechsleskala – zur Zuckerbestimmung angebracht ist. Um den Zuckergehalt des Saftes feststellen zu können, wird in einen Messzylinder der Presssaft eingefüllt. Anschließend lässt man die Mostwaage langsam in den Saft einsinken. Je nach Dichte der Flüssigkeit sinkt die Mostwaage mehr – bei einer zuckerarmen Flüssigkeit – oder weniger tief – bei einer zuckerreichen Flüssigkeit – ein. Sie darf nicht auf dem Boden anstoßen. Nach rund einer Minute – wenn die Waage ruhig in der Flüssigkeit steht – kann auf der Oechsleskala jetzt z. B. der Wert 55 abgelesen werden.

Der gemessene **Oechslewert** zeigt das Mehrgewicht der Messflüssigkeit gegenüber der gleichen Menge Wasser bei gleicher Temperatur an (der Wert stimmt allerdings nur dann, wenn die Temperatur des Presssaftes 20 °C beträgt, bei abweichenden Temperaturen müssen die Oechslewerte etwas korrigiert werden). Bei einem Wert

Presssaftbeimischungen

Frucht	Menge pro 100 kg Obst*	Bemerkung
Speierling	2–4 kg	Gerbsäurereich, macht den Apfelwein/Gärmost klarer und haltbarer
Schlehen, Quitten, Mispeln	3–4 kg	Gerbsäurereich, machen den Apfelwein/Gärmost klarer und haltbarer
Quitten, Holunder	5–10 kg	Der Apfelwein/Gärmost nimmt eine schöne gelbe, bzw. rötliche Farbe an
Rote Johannisbeere, Weintrauben	5–10 kg	Verändern die Mostfarbe und unterstreichen den Mostgeschmack mit der jeweilig beigemischten Fruchtart
Nashi-Birne	10–20 kg	Sehr saftreich, Geschmacksveränderung in Richtung Birne gehend

*Die angegebenen Werte sind sehr variabel und im Wesentlichen vom persönlichen Geschmack abhängig. Zugegeben werden die zerkleinerten Früchte vor dem Pressen in die Maische. Holunder kann direkt in die Presstücher bei der Packpresse oder auf das Pressband bei der Bandpresse gegeben werden.

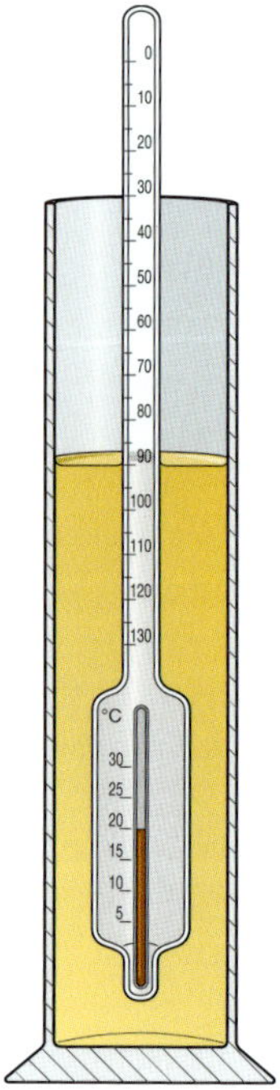

Die Oechslewaage schwimmt im Presssaft. Hier wird ein Wert von ungefähr 90 °Oechsle abgelesen (Temperatur des Presssaftes 20 °C).

BEISPIELBERECHNUNG
Die Mostwaage pendelt sich auf den Wert von 55 Grad Oechsle ein. Nun teilt man den Oechslewert durch die Zahl 5 und man erhält den ungefähren **Zuckergehalt in Prozent** (%): 55 : 5 = 11 %.
Multipliziert man dagegen den Oechslewert mit 2, so erhält man den **Zuckerwert in Gramm** (g), bezogen auf einen Liter Saft: 55 × 2 = 110 g/l Saft.
Teilt man den Prozentwert des Zuckergehaltes durch 2, so bekommt man in etwa den **möglichen Alkoholgehalt in Vol.-%:** 11 : 2 = 5,5 Vol.-%.
Die Ergebnisse basieren auf einem vereinfachten Rechenverfahren, das für eine überschlägige Ermittlung der Werte vor Ort eingesetzt werden kann. Genauere Umrechnungsfaktoren werden in der einschlägigen Fachliteratur aufgeführt.

von 55 ist ein Liter Saft um 55 g schwerer als ein Liter Wasser bei gleicher Temperatur. Mithilfe einer vereinfachten Umrechnung kann der Zuckergehalt in Prozent aus dem Oechslewert ermittelt werden.

TIPP: Mostgewicht (Grad Oechsle): 42 bis 48 bedeutet geringe Süße, 48 bis 55 entspricht hoher Süße, ab einem Wert von über 55 spricht man von sehr hoher Süße.

Auch mit einem **Refraktometer** – die Preise liegen zwischen ca. 50 € (Internetanbieter) und 120 € (Fachhandel) – kann man den ungefähren Zuckergehalt bestimmen. Die Prismafläche wird mit der Lösung (Presssaft) bestrichen. Das auf das Prisma fallende Licht wird abgelenkt und zwar umso stärker, je weniger Zucker in der Lösung enthalten ist. Der Zuckergehalt wird nun auf einer Skala einfach abgelesen.

Säuregehalt

Die Messung des Säuregehaltes ist schon etwas schwieriger. Will man sich nicht selbst an die Sache heranwagen, so kann der Säuregehalt des Saftes in einer Mosterei, Safterei oder in der Apotheke gemessen werden. Möchten Sie sich das Wissen selbst aneignen, so ist ein kleiner Ausflug in die Chemie notwendig.
Zur Säurebestimmung werden heute fertig vorbereitete Sets – sogenannte Acidometer-Sets – im Fachhandel angeboten. Das Messprinzip des **Acidometers** beruht darauf, dass durch stetige Zugabe von Lauge (Blaulauge) in eine geringe Menge des zu messenden Presssaftes bei einem bestimmten Mischungsverhältnis eine Neutralisation zwischen der Säure im Presssaft und der

Lauge eintritt. Es findet dann ein sichtbarer Farbumschlag statt. Die Menge der Lauge, die bis zum Farbumschlag (Neutralisation) zugegeben wurde, gibt Aufschluss über den Säureanteil des Saftes. Dieser Vorgang wird auch als **Titration** bezeichnet.
Anhand der benötigten Laugenmenge (ml) kann auf einer Skala die Summe aller freien Säuren (ohne Kohlensäure) im Presssaft in g/l oder Promille ‰ abgelesen werden.

SÄUREGEHALT DES PRESSSAFTES

- Der ideale Säuregehalt **vor** der Gärung liegt im Bereich von 6,5–7,5 Promille.
- Ein Säuregehalt von 4–5,5 Promille ist für die spätere Haltbarkeit nicht ausreichend.
- Die Verwendung von nur einer Apfelsorte mit geringer Säure z. B. Golden Delicious oder nur Tafelobst führt zu keinen guten Ergebnissen.

Verschiedene Apfel- und Birnensorten ergeben einen leckeren Gärmost.

Presssaftbehandlungen

Entspricht Ihr Presssaft nicht ganz genau Ihren Vorstellungen – zu wenig Zucker, zu wenig Säure etc. – haben Sie jetzt noch die Möglichkeit, ihn zu korrigieren. Wenn Sie jetzt den Presssaft richtig behandeln, kommt dies nur der Qualität des Mostes zugute.

Aufsäuern: Durch das Aufsäuern wird eine längere Haltbarkeit des Mostes erreicht. Bevor korrigiert wird, muss eine Säuremessung durchgeführt werden. Aufsäuern können Sie durch Zugabe von Milchsäure, Zitronensäure oder säurereichem Presssaft.

Aufzuckern: Wenn der Presssaft zu wenig Zucker enthält, kann der Zuckergehalt durch Zugabe einer entsprechenden Menge Zucker nach oben korrigiert werden. Für die notwendigen Zuckermengen gibt es genaue Tabellen und Rechenformeln.

Enzymierung: Durch die Zugabe von Enzympräparaten werden unerwünschte langkettige Substanzen in kurze, lösliche zerlegt. Trubstoffe setzen sich somit rascher ab.

Schönung: Mit der Schönung wird erreicht, das Trubstoffe gebunden werden, ausflocken und auf den Boden des Fasses absinken. Zur Schönung gehört die

Bentonitbehandlung: Durch die große Oberfläche des Bentonits werden Eiweißstoffe und Trubstoffe gebunden. Mit der Schönung werden allerdings nicht nur unerwünschte, sondern auch erwünschte Substanzen entfernt, dies gilt besonders für die wertvollen Aromastoffe.

Süße und Säure* von einigen Most- und Tafeläpfeln

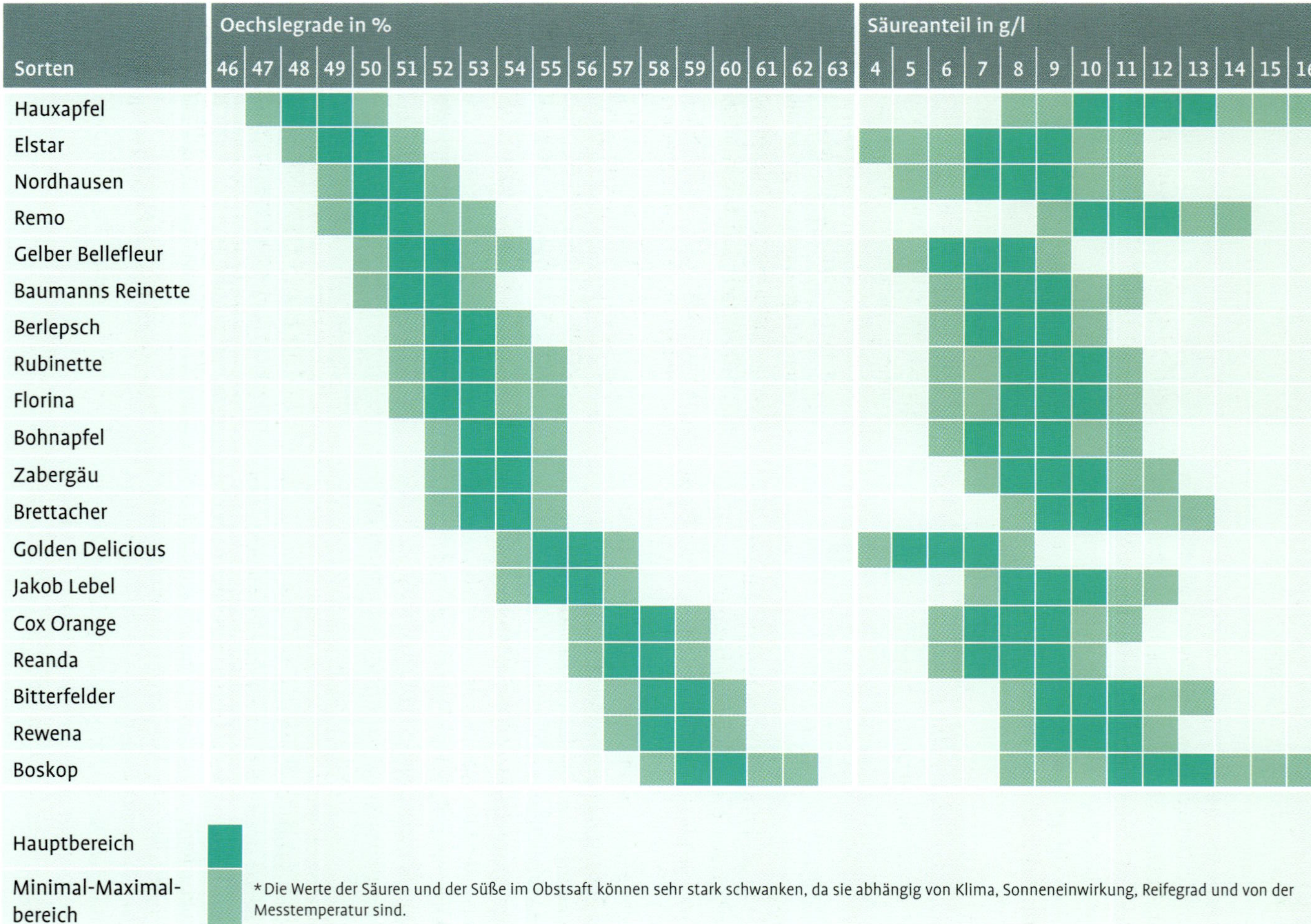

* Die Werte der Säuren und der Süße im Obstsaft können sehr stark schwanken, da sie abhängig von Klima, Sonneneinwirkung, Reifegrad und von der Messtemperatur sind.

Herstellung von Gärmost

Mit der Herstellung von Gärmost wird meist erst ab Mitte Oktober so richtig begonnen. Dann sind viele der Äpfel und Birnen reif und alle Vorkehrungen für das Mosten können getroffen werden. Die nachfolgenden Kapitel beschreiben ausführlich die für die Gärmostherstellung notwendigen Vorbereitungen, den Transport, den Arbeitsablauf, mikrobiologische Zusammenhänge, die Gärung und Fehler, die im Verlauf des Mostens und nach Abschluss der Gärung auftreten können.

GÄRMOST SCHRITT FÜR SCHRITT

Schritt 1 Maische oder Presssaft nicht mit Eisen (Fasstürverschluss bei Holzfässern; Edelstahl ist damit nicht gemeint) in Kontakt bringen. Auch der längere Kontakt mit Aluminium ist zu vermeiden.

Schritt 2 Den Presssaft nicht zu lange in den Behältern stehen lassen, sondern so schnell wie möglich nach Hause transportieren, damit keine unerwünschten Keime eindringen können.

Schritt 3 Den abgepressten Saft in das dafür vorgesehene Fass einfüllen. Wichtig: Ablaufhahn vorher schließen! Das Fass nur zu ca. $^{9}/_{10}$ mit Saft füllen – bei einem 60-Liter-Fass wird der Füllvorgang ca. 10–15 cm unterhalb der Fassoberkante beendet.

Schritt 4 Reinzuchthefen und eventuell Kaliumdisulfit nach Gebrauchsanweisung zugeben. Den Saft kurz durchrühren.

Schritt 5 Deckel aufsetzen und fest verschließen, vorher auf guten Dichtungssitz achten.

Schritt 6 Gärspund mit Sperrflüssigkeit füllen und in die dafür vorgesehene Öffnung eindrehen.

Schritt 7 Während der intensiven Gärung das Fass ab und zu auf Undichtigkeit oder auf Schaumaustritt kontrollieren.

Schritt 8 Bei Gärende den Most ablassen, das Fass reinigen und den Most wieder einfüllen, Gärspund mit Sperrflüssigkeit aufsetzen.

Schritt 9 Ein bis zwei Wochen später erfolgt die erste Kostprobe.

Transport des Saftes

Wenn Sie ihr Obst in einer Lohnmosterei pressen, sollten Sie schon bei der Terminvereinbarung für das Mosten klären, wie der Presssaft zu Ihnen nach Hause kommt. Wenn Sie keinen Anhänger besitzen, ist es oft möglich, sich den Saft liefern zu lassen oder einen Anhänger auszuleihen – manche Mostereien bieten diesen Service an. Muss der Transport im PKW durchgeführt werden, so sind kleinere Fässer mit 30 oder 60 Litern ideal für den Presssafttransport, da sie noch leicht von zwei Personen in und aus dem Kofferraum gehoben werden können. Muss aber eine größere Menge Saft transportiert werden, wird auf größere Fässer mit einem Volumen von 300, 500 oder 800 Liter zurückgegriffen.

Ein 300-Liter-Fass kann zwar bei vielen PKW-Kombis über die Heckklappe in das Fahrzeug hinein geschoben werden, aber die Füllung des Fasses muss dann mit größter Sorgfalt durchgeführt werden. **Wichtig:** Der Füllhahn muss unbedingt gut und korrekt auf dem Fass sitzen! Sonst besteht die Gefahr, dass er herausspringt, der Saft sich im Fahrzeug verteilt und erheblichen Schaden anrichtet. Schützen Sie die umliegenden Fahrzeugpols-

ter, Himmel- und Verkleidungsteile mit Decken, Tüchern, Planen oder Ähnlichem – Saftspritzer lassen sich nur sehr schwer entfernen.
Holen Sie den Saft mit einem Anhänger ab? Dann versteht es sich von selbst, dass der Anhänger in einem verkehrssicheren Zustand ist, der Luftdruck geprüft wurde, die Elektrik in Ordnung ist und das zulässige Gesamtgewicht des Anhängers und das Transportgewicht stimmen.
Ein Fass, das mit 300, 500 oder 800 Litern Saft gefüllt ist, verändert das Fahrverhalten des Zuges (PKW mit Hänger). Beim Anfahren und Bremsen schwappt es im Fass und wenn dann noch auf einem 400-kg-Hänger ein mit 500 Litern Saft gefülltes Fass steht, dann kann es sehr schnell zu sehr gefährlichen Situationen während der Fahrt kommen.
Positionieren Sie das Fass mittig über der Achse des Hängers, der Fasshahn ist geschlossen und zeigt zu der Anhängerbordwand, die heruntergeklappt werden kann.
Sollte er zur feststehenden Bordwand zeigen, müssen Sie das Fass umdrehen, sonst können Sie später keinen Ablaufschlauch anschließen und

Ein 500-Liter-Fass auf einem Autoanhänger. Der geschlossene Fasshahn zeigt zur heruntergeklappten Ladebordwand.

das Fass muss mühsam von Hand entleert werden. Die Distanz zwischen dem Fass auf dem Hänger und dem Fass im Keller wird durch einen Schlauch überbrückt. Genügend langes Schlauchmaterial stellt Ihnen die Mosterei manchmal zu Verfügung. Prüfen Sie immer unbedingt das Innere des Schlauches auf Sauberkeit, hier setzt sich gerne Schimmel fest! Wenn Sie sich nicht sicher sind, muss der Schlauch gründlich mit Leitungswasser durchgespült werden. Nehmen Sie keinen ½″-Schlauch für die Entleerung des Fasses, es dauert sonst sehr, sehr lange, bis das Fass leer ist.

TIPP: Nehmen Sie lieber fünf Meter mehr Schlauch mit, als einen Meter zu wenig.

Fass und Fasszubehör reinigen

Bevor Sie mit dem Einfüllen des Presssaftes beginnen, sollten Sie Ihre Fassgerätschaften – Kunststoff- oder Edelstahlfass und seine Zubehörteile – gründlich auf Sauberkeit, Funktionstüchtigkeit und Vollständigkeit prüfen.
Die folgende **Checkliste** erleichtert Ihnen die Arbeit dabei.

Fass

- Im Bereich des Ablaufhahnes dürfen sich keine Verunreinigungen (eingetrocknete Saft-, Heferückstände) befinden.
- Im Fassinneren müssen Rillen und Vertiefungen frei von Rückständen sein.
- Der Fassrand darf dort, wo die Dichtung des Deckels aufliegt, keine Verunreinigungen oder größere Einkerbungen aufweisen.
- Das Fass darf keine größeren Beschädigungen aufweisen.

Deckel

- Der Deckel muss unbeschädigt sein.
- Die seitliche Deckelfläche, an der der Spanngurt anliegt, muss vollständig sein – bei Unvoll-

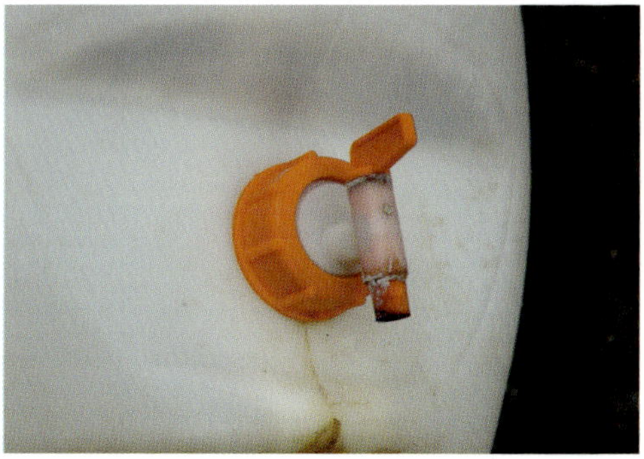

Verunreinigter Ablaufhahn am Kunststofffass.

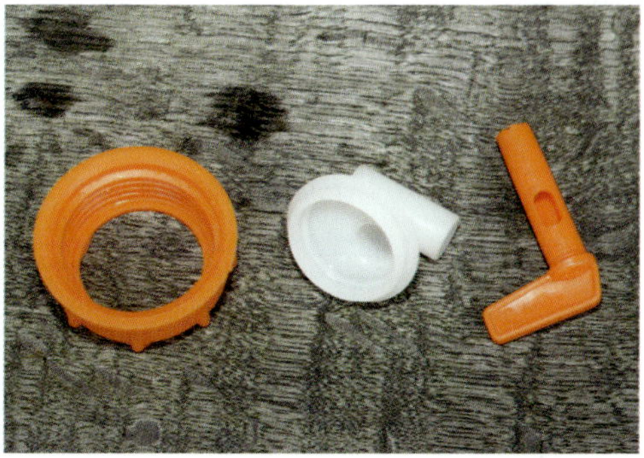

Zum Reinigen wird der Ablaufhahn in seine Einzelteile zerlegt.

ständigkeit wird das Fass verspannt und das kann zur einer Verwölbung am Übergang Fass/Deckel führen. Dann kann Umgebungsluft in das Fassinnere eintreten.

- Die Deckeldichtung darf keine porösen oder defekten Stellen aufweisen.
- Der Sitz für den Gärspund muss sauber und ohne Beschädigungen sein.

Ablaufhahn

- Alle Einzelteile des Ablaufhahnes – Hahnkörper, Trägerteil, Dichtung und Überwurfgewinde – sind im zerlegten Zustand sorgfältig zu reinigen und wieder zusammenzubauen. Der orangefarbige Kunststoff-Hahnkörper wird für die gründliche Reinigung aus der Hahnaufnahme herausgedrückt. Muss etwas ausgetauscht werden, können Ersatzteile im gut sortierten Fachhandel, Baumärkten, Genossenschaften und Mostereien beschafft werden.
- Die Dichtungsfläche zwischen Hahnkörper und Ablauföffnung des Fasses muss sauber, frei von Rückständen und unbeschädigt (keine Kerben, Risse) sein.

Gärspund

- Die Teile sorgfältig von den Resten der Sperrflüssigkeit aus der letzten Saison reinigen.
- Den Gummikegel auf Beschädigungen und Sprödigkeit prüfen und gegebenenfalls austauschen.
- Die Entgasungsröhre von Rückständen durch den vorherigen Gärprozess säubern. Sollte es schwierig sein, diese dünne Röhre zu säubern, versuchen Sie es mit Pfeifenreinigern oder Wattestäbchen.

VERUNREINIGUNG UND DICHTIGKEIT

- Verunreinigungen auf Fass, Deckel, Ablaufhahn oder Gärspund können Pilze und Bakterien beherbergen. Mögliche Folgen: Fehlgärungen, Beeinträchtigung des Geschmackes, Veränderung der Saftfarbe (von leuchtend Gelb nach Matt- oder Schwarzgelb).
- Sind Dichtungen undicht, so tritt Außenluft ein. Der Sauerstoff kann zu Fehlgärungen führen, die in der Luft enthaltenen Mikroorganismen könnten den Gärverlauf behindern – und bei dem Most einen „Stich" verursachen. Dadurch können sich Farbe und Geschmack (Schimmelgeruch, Milchsäure- oder Essigstich) verändern, der Most kann ungenießbar werden.

Ab ins Fass

Im Keller ist das Fass soweit vorbereitet. Stellen Sie es erhöht auf, damit noch ein Krug oder Behälter unter den Fasshahn gestellt werden kann.

Die Schläuche werden miteinander verbunden und am Ablauf des Transportfasses angeschraubt. Am anderen Ende des Schlauches wird ein Hahn angebracht. Vergewissern Sie sich, ob alle Schraub- oder Bajonettverbindungen fest verbunden sind, bevor Sie mit dem Füllen beginnen. Sie öffnen zuerst langsam den Hahn am Transportfass und vergewissern sich, ob alles „dicht" ist. Im Anschluss daran wird der Hahn am Fass vorsichtig geöffnet – nicht zu schnell – sonst spritzt und schwappt es. Wenn das Fass zu ⅔ gefüllt ist, reduzieren Sie die Durchflussmenge langsam. Wenn der richtige Füllstand erreicht ist, wird der Hahn geschlossen. Sollten Sie noch Saft übrig haben, können Sie diesen in saubere Eimer füllen. Anschließend wird der Saft in saubere Sprudelflaschen mit Hilfe eines Trichters umgefüllt.

Kunststofffässer mit einem Füllvolumen von 30 bis 120 Liter sollten bis maximal 10 bis 15 cm unter den Fassrand befüllt werden. Dieser Abstand ist wichtig, damit genügend Platz für den Schaum vorhanden ist, der sich während des Gärprozesses bildet. Gebildet wird der Schaum durch das aufsteigende **Kohlendioxid**, das sich bei der Gärung entwickelt. Dieses Kohlendioxid legt sich später als schützende Schicht zwischen den gärenden Most und den Luftraum darüber. Wenn doch einmal bis kurz unter den Rand eingefüllt worden ist, muss der Saft bis zur richtigen Höhe abgeschöpft werden. Wird das versäumt, besteht die Gefahr, dass während der intensiven Gärung der Schaum durch den Gärspund oder über den Deckel nach außen dringt. Schädliche Mikroorganismen könnten sich dann ansiedeln und in das Fassinnere gelangen.

Eine noch gängige Praxis ist es, dem frischen Presssaft Wasser zuzufügen, um die zukünftige Gärmostmenge zu erhöhen. Meine Erfahrung zeigt, dass der Zusatz von Wasser in den Saft keinen Sinn macht:

- Die Hefe kann bei der Gärung nur Zucker zu Alkohol verarbeiten, aber kein Wasser.
- Es entsteht weniger Alkohol.
- Der Most wird durch den geringeren Alkoholgehalt deutlich anfälliger gegenüber schädlichen Mikroorganismen.

Das Fass wurde bis etwa 10 cm unter den Fassrand mit Presssaft befüllt.

In dieses Fass wurde zu viel Presssaft eingefüllt – bis kurz unter den Fassrand. Die Folge: Bei der Gärung ist der Gärschaum über den Gärspund ausgetreten.

- Wichtige Bestandteile des Saftes wie Säure und Gerbstoffe werden, je nach Wassermenge, stark verdünnt, dadurch verringert sich die spätere Haltbarkeit.

Eine Verdünnung des trinkfertigen Mostes mit Wasser oder Mineralwasser ist dagegen jederzeit möglich.

WASSERZUGABE
Eine Zugabe von mehr als 5 % Wasser in den Presssaft bedeutet Qualitätsverlust.

Reinzuchthefen zusetzen

Mit der Zugabe von besonders gärkräftigen Reinzuchthefen wird die Gärung schneller in Gang gebracht und durch den entstehenden Alkohol haben unerwünschte Mikroorganismen geringere Chancen, sich zu vermehren. Die Gärung mit Reinzuchthefen ist am verlässlichsten, es entstehen kaum unerwünschte Gärnebenprodukte und die Schaumbildung ist relativ gering.

Folgende Arten von Reinzuchthefen für die Zugabe in den frischen Presssaft können empfohlen werden:

- Trockenhefe,
- Flüssighefe,
- Kaltgärhefe.

Bei der Verwendung von Reinzuchthefen wird, je nach Dosierungsempfehlung, das Pulver/Granulat bei Trockenhefen oder die Flüssigkeit bei Flüssighefen in ein bis zwei Liter handwarmen Presssaft von einer Temperatur von 30 bis maximal 35 °C eingerührt.

Die **Trockenhefe** wird in die 10fache Menge eines warmen Presssaft-Wasser-Gemisches eingegeben, d. h., 100 g Hefe werden in 0,5 Liter Apfelsaft (etwa 500 g) und 0,5 Liter Wasser (500 g) eingerührt. Erwärmt wird der Presssaft in einem Kochtopf oder in der Mikrowelle. Danach soll der Saft mit der Hefe noch ca. 15 bis 20 Minuten (herstellerabhängig) quellen. Anschließend wird er aus dem Topf unter leichtem Rühren in das Fass geschüttet.

Bei **Flüssighefe** ist es ratsam, diese schon einige Tage vorher zu vermehren. Dazu einfach die Flüssighefe in eine 1-Liter-Flasche, die mit Presssaft gefüllt ist, geben und die Flasche mit einem Wattebausch verschließen. Die Gärung setzt dann nach ein bis zwei Tagen ein.

Bitte beachten Sie unbedingt immer die Angaben des Herstellers!

MAISCHEGÄRUNG
Sollten Sie eine eigene Presse besitzen, so können Sie die Reinzuchthefe schon in die Maische von ihrem Obst einbringen. Sie wird im Saft der Maische anfangen, sich kräftig zu vermehren und schon sehr bald eine alkoholische Gärung erzeugen. Nach dem Umfüllen in das Fass haben die im Saft befindlichen unerwünschten Mikroorganismen kaum eine Chance, sich zu entwickeln.

Für größere Mengen Presssaft (über 200 Liter) wird eine **Anstellhefe** erstellt. Dies geschieht durch Vermehrung der Reinzuchthefe in folgenden Schritten:

- 10 Liter Presssaft in einem Kochtopf oder Entsafter auf ca. 30–35 °C erwärmen (auf keinen Fall über 40 °C), bei deutlich höheren Temperaturen wird die Hefe zerstört.
- Den Pulver- oder Flascheninhalt gemäß den Dosierungsangaben für die gesamte Saftmenge beimischen.
- Die Flüssigkeit in einen Glasballon oder in ein Mini-Mostfass schütten und mit einem Gärspund abdichten (wichtig!).
- Nach 4 bis 6 Tagen zeigt eine kräftige Gärung durch starke Schaumbildung an, dass die Anstellhefe fertig ist.
- Nun den Glasballon oder das Mini-Mostfass noch für ein paar Stunden in den zukünftigen

Gärraum stellen, sodass sich die Hefe schon auf die Verhältnisse, die dort herrschen, einstellen kann.

Anschließend füllen Sie die Anstellhefe in das große Fass mit mehr als 200 Litern Inhalt.

Kaltgärhefen werden verwendet, wenn schon im Voraus bekannt ist, dass während der Gärzeit im Keller Temperaturen um 10 °C und etwas tiefer, herrschen werden. Bei den Kaltgärhefen handelt sich um speziell gezüchtete Hefestämme mit etwas anderen Eigenschaften als die der „Normalhefen". Die Kaltgärhefen halten den Gärprozess auch dann noch in Gang, wenn die Kellertemperaturen auf z. B. 6–7 °C absinken. Bei Verwendung der „Normalhefen" würde bei diesen Temperaturen der Gärprozess ins „Stocken" kommen.

Kaltgärhefen gibt es überwiegend in flüssiger Form und werden dem Most genauso wie die „Normalhefen" beigegeben.

REINZUCHTHEFEN

- Der Fachhandel und die Mostereien bieten Reinzuchthefen für normale Kellertemperaturen (12 °C und höher) und für relativ tiefe Temperaturen (Kaltgärhefen, 6 °C bis 15 °C) an.
- Verwenden Sie keine Reinzuchthefenpackungen, bei denen das Verfallsdatum deutlich überschritten wurde.

Schwefelung

Wenn Ihr fertiger Most bis zur nächsten Mostsaison reichen soll, besteht die Möglichkeit, den Most zu schwefeln und ihn dadurch länger haltbar zu machen. Besonders bei säurearmen Apfel- und Birnensorten im Most ist eine Schwefelung nötig, da sich im säurearmen Presssaft unerwünschte Mikroorganismen schnell vermehren können. Für die Schwefelung bietet sich die Zugabe von Kaliumdisulfit (Kaliumpyrosulfit,

Bereits nach kurzer Zeit zeigt die Trockenreinzuchthefe rege Aktivität im Presssaft an.

$K_2S_2O_5$) an. Kaliumdisulfit schützt wirksam vor schädlichen biologischen Mikroorganismen und verhindert die Oxidation des Mostes. Dadurch können die „nützlichen Organismen" ungestört ihre Arbeit leisten. Kaliumdisulfit wird als weißes Pulver oder in Tablettenform angeboten. Es löst sich im Saft leicht auf. Wird das Pulver in Wasser gegeben, bilden sich kleine Klümpchen. Wenn Sie dem Wasser Zitronensäure zugeben, tritt dieses Problem nicht auf.

Da die Dosierungsangaben von Hersteller zu Hersteller verschieden sind, sollte die Dosierung gemäß den Dosiervorgaben auf der Packung erfolgen.

Wichtig: Es darf niemals in eine beginnende Gärung hinein geschwefelt werden!

DOSIERUNGSBEISPIEL

Das Kaliumdisulfit-Pulver wird in einem kleinen, mit Saft gefüllten Gefäß aufgelöst. Als Orientierung können 10 g Pulver auf 100 Liter Saft verwendet werden. Ist die Saftmenge geringer, reduziert sich die Pulverzugabe im gleichen Verhältnis. Bei säurearmem Obst sollte die Dosierung auf 15–20 g je 100 Liter erhöht werden.

SCHWEFELUNG

- Je gesünder und sauberer das verwendete Obst ist und je besser gereinigt die Gerätschaften sind, desto weniger Schwefel muss zugesetzt werden!
- Die Zugabe von Kaliumdisulfit kann schon beim Abfüllen des Saftes in der Mosterei erfolgen.
- Kaliumdisulfit in Tablettenform sollte vor der Zugabe zerdrückt und in etwas Saft aufgelöst werden.
- Angebrochene Packungen müssen in trockenen Räumen aufbewahrt werden.
- Eine Überschwefelung ist unbedingt zu vermeiden – hier gilt nicht „etwas mehr wirkt auch besser". Ein Teil des Schwefels wird im Most gebunden (gebundene schweflige Säure), ist der Anteil zu groß, können nach dem Genuss des Mostes starke Kopfschmerzen die Folge sein.

TIPP: Wenn Sie dem sorgfältigen Aussortieren fauliger Äpfel und Birnen etwas Zeit widmen und das Obst gründlich waschen sowie alle Gerätschaften akribisch reinigen, benötigen Sie keinen oder nur sehr wenig Schwefel.

Verschließen des Fasses

Bevor jetzt der Fassdeckel aufgesetzt wird, prüfen Sie die Dichtung und den Dichtungssitz. Wenn alles in Ordnung ist, setzen Sie den Deckel auf und drücken ihn an verschiedenen Stellen am Rand auf das Fass. Wenn er gut sitzt, wird der Deckel mit einem Spanngurt fest gespannt. Einen Schraubdeckel müssen Sie nur aufschrauben.
Anschließend wird der Gärspund, das Gärröhrchen oder die Gärglocke vorsichtig mit einer

Der Deckel sitzt perfekt auf dem Fass, nun muss nur noch der Gärspund eingesetzt werden.

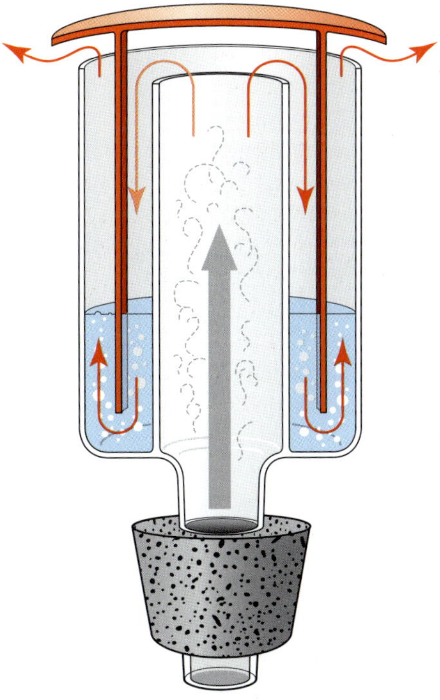

Der Gärspund funktioniert relativ einfach: Kohlendioxid kann von innen nach außen dringen, Außenluft aber nicht von außen nach innen.

leichten Drehung in das dafür vorgesehene Loch im Fassdeckel eingedrückt. Bei Mostfässern mit einem niedrigen Qualitätsstandard hat der Deckel, der den Gärspund aufnimmt, meistens nur eine Bohrung. Hier ist die Dichtigkeit nicht immer gewährleistet, eventuell mit säurefreiem Fett (z. B. Vaseline) den Dichtungssitz abdichten. Dazu drückt man ein etwa daumennagelgroßes Stück Fett aus der Tube und umstreicht den Übergangsbereich zwischen Deckel und Gärspund komplett damit.

Jetzt fehlt nur noch die **Sperrflüssigkeit**. Sie verhindert das Eindringen von Sauerstoff und unerwünschten Mikroorganismen und lässt das während der Gärung entstehende Gas (Kohlendioxid) entweichen. Bei späterer Entnahme des Mostes kann Luft nachfließen. Auf dem Weg durch die Sperrflüssigkeit wird die Luft weitgehend desinfiziert. Der Gärspund mit der Sperrflüssigkeit bleibt solange auf dem Fass, bis es leer ist. Als Sperrflüssigkeiten eignen sich:

- Wasser – sollte aber einmal pro Woche ausgetauscht werden.
- Hochprozentiger Alkohol (70 %) oder Vorlauf.
- Wasser mit einer ganz geringen Menge von Kaliumdisulfit (<0,5 Gramm).
- Spezielle Sperrflüssigkeit, im Fachhandel erhältlich.

Die Sperrflüssigkeit wird vorsichtig in den Gärspundzylinder eingefüllt, am besten geschieht das mit einem Trichter oder einem Messbecher. Gefüllt wird der Zylinder bis zur Markierung bzw. mindestens zur Hälfte. Damit wären für Sie alle Arbeiten abgeschlossen. Jetzt müssen die Hefen arbeiten und die Gärung in Schwung bringen.

FASS VERSCHLIESSEN

- Der Deckel muss sauber auf dem Fassrand aufliegen.
- Spanngurt nicht zu fest anziehen – Gefahr der Verwölbung des Fasses.

Gärung – Hefen bei der Arbeit

Der Gärprozess kann grob in folgende Abschnitte unterteilt werden:

1. Vermehrung der Hefe
2. Beginn der Gärung
3. Intensive Gärung
4. Stille Nachgärung

Vermehrung der Hefen: In den ersten Tagen merkt man noch nicht viel vom Gärprozess. Die Hefen sind noch damit beschäftigt, sich zu vermehren. Im Fass ist es ruhig.

Beginn der Gärung: Ab dem dritten Tag wird der Gärprozess langsam hörbar eingeleitet. Ab und zu kann man ein „blopp" aus dem Gärspund hören. Erst gegen Ende der ersten Woche werden vermehrt Gärgeräusche hörbar sein.

Intensive Gärung: Nach Abschluss der ersten Woche werden die Gärgeräusche deutlich hörbarer, es gluckst und blubbert immer intensiver. Während der intensiven Gärung entsteht Wärme im Fass, die man durch Handauflegen an der Fasswand spüren kann. Wäre das Fass durchsichtig, könnten die Schaumbildung, die durch die Kohlensäure verursacht wird, und die langsame Klärung des Saftes beobachtet werden.

Stille Nachgärung: Wenn die intensive Gärung beendet ist, steigen keine Blasen im Gärspund mehr auf. Die vorhandene Kohlensäureschicht im Fass schützt den jungen Most vor Infektionen.

Es werden **zwei Hauptgärungsverläufe** unterschieden:

Natürliche Gärung: Auch Selbstgärung oder Spontangärung genannt. Diese Gärung wird durch gärstarke Naturweinhefen (Saccharomyces) und durch gärschwache wilde Hefen (z. B. Brettanomyces, Kloeckera), die sich am Obst befunden haben und jetzt Bestandteil des Saftes sind, hervorgerufen. Wilde Hefen sind eine Zusammensetzung von mehr oder weniger erwünschten Hefetypen sowie

Gärverlauf

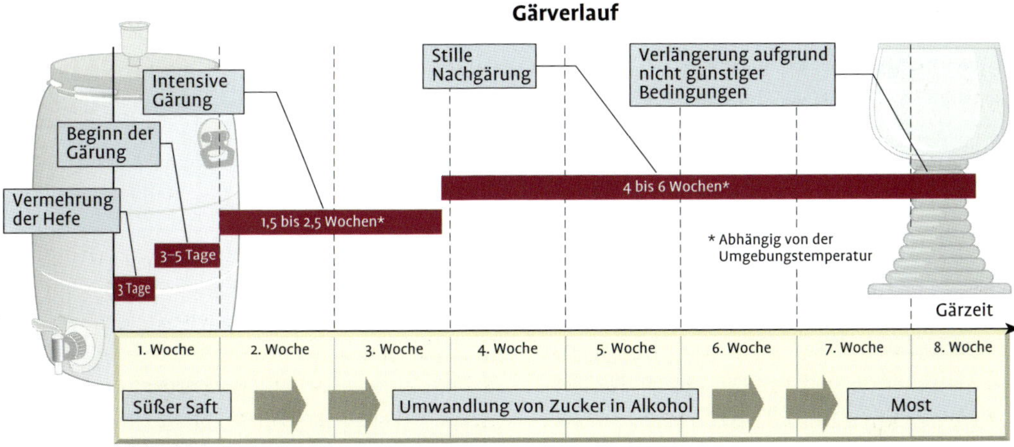

GÄRUNG

- Bei der Gärung wird der im Presssaft befindliche Zucker in Alkohol umgewandelt.
- Ausgelöst wird die Gärung durch Hefepilze, die sich in der Luft und am Obst selbst befinden, sowie durch die beigegebene Reinzuchthefe.
- Durch Zugabe von Reinzuchthefe wird der Gärvorgang beschleunigt und die Entwicklung unerwünschter Mikroorganismen unterdrückt.
- Während der Gärung entstehen Alkohol, Wärme und Gärnebenprodukte wie Kohlendioxid (CO_2), Aromastoffe, Acetaldehyd und Glycerin.
- Das entstehende und aus dem Fass austretende Kohlendioxid ist schwerer als Luft und bildet deshalb eine sauerstoffarme Bodenschicht im Gärraum. Eine Belüftung des Kellerraumes muss gewährleistet sein.
- Für die Gärung ist ein gewisses Maß an Wärme notwendig: ca. 12–20 °C.

verschiedenen Krankheitserregern. Der Verlauf der Gärung ist abhängig davon, welche der Hefetypen sich durch Vermehrung durchsetzt. Sind es die schlechten Hefen oder gar die Krankheitserreger, so kommt die Gärung nach kurzer Zeit (in der ersten oder zweiten Woche) ins Stocken oder setzt aus, der Most bleibt süß und kann – durch die Bildung von Essigsäure – sogar zu Essig werden.

Reinzuchthefegärung: Durch die Zugabe von gärstarken Reinzuchthefen (Saccharomyces) werden die meisten wilden Hefen und die sonstigen unerwünschten Mikroorganismen unterdrückt und es kommt eine reintönige und vollständige Gärung in Gang.

Was bewirken die Hefen?

Vereinfacht ausgedrückt wandeln sie den Zucker im Saft in Alkohol um.

$$C_6H_{12}O_6 \rightarrow 2\ C_2H_5OH + 2\ CO_2$$

Zucker → Alkohol + Kohlendioxid

Hefen sind Mikroorganismen, die zu den Pilzen gestellt werden. Um 30, 60, 120 oder noch mehr

Liter Presssaft in vergorenen Saft umzuwandeln, müssen viele Hefezellen zur Verfügung stehen. Die gekauften kleinen Mengen reichen dafür bei weitem nicht aus. Aber die Hefen besitzen eine Eigenschaft, die man sich für die Mostherstellung zu eigen macht: Sie vermehren sich bei idealen Bedingungen im Saft sehr gut!

Für die **Vermehrung** der Hefen müssen kohlenstoff- und stickstoffhaltige Substanzen sowie Mineralstoffe zur Verfügung stehen. Diese Substanzen finden die Hefen in dem sie umgebenden Obstsaft vor. Die Hefen zerlegen in erster Linie den Zucker des Saftes in Kohlensäure und Alkohol, dabei geben sie Wärme ab. Durch den chemischen Vorgang werden 100 g Zucker theoretisch in ca. 51 g Alkohol und 49 g Kohlensäure zerlegt. Diese Rechnung stimmt nicht ganz genau, da ein Teil des Zuckers für die Vermehrung der Hefe verbraucht wird, verschiedenste Gärnebenprodukte entstehen und ein Teil des entstandenen Alkohols verdunstet. Diese Prozesse laufen im Inneren der Hefezelle ab und sind sehr kompliziert. Für den interessierten Leser, der mehr über die Vorgänge und Gesetze, die im Inneren der Hefen (Zellen, Zellmembran, Zellplasma, Mitochondrium, etc.) ablaufen bzw. mehr über den eigentlichen Gärvorgang (Glykolyse und Gärung) wissen möchte, verweise ich auf die einschlägige Fachliteratur.

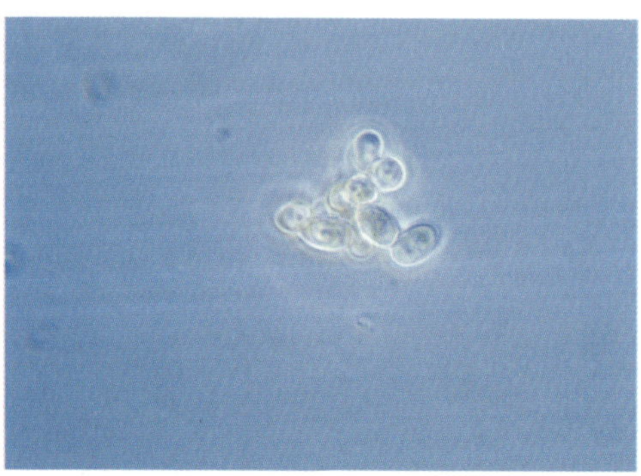

Hefezellen vermehren sich durch Sprossung.

Und die Temperatur?

Für einen erfolgreichen Gärverlauf liegt der ideale Temperaturbereich zwischen 12 °C und 20 °C. Das bedeutet, dass Sie das Fass am besten in einen wärmeren Bereich, z. B. in den Heizraum, stellen. Dort bleibt es bis zum Abschluss der Gärung stehen. Nach Abschluss der Gärung kann dann das Fass mit einer Sackkarre in einen kühleren Raum mit ca. 10 °C transportiert werden.

Sollte während der Gärphase die Temperatur im Mostkeller deutlich in den kalten Bereich sinken, dann sind nachfolgende Hinweise zu beachten.

Sinkt die Temperatur während der Gärung über einen längeren Zeitraum (mehr als eine Woche) aufgrund eines strengen Winters deutlich unter 10 °C, so kommt die Gärung ins Stocken: Die Hefen arbeiten nicht mehr und es wird kein Zucker in Alkohol umgewandelt. Nun müssen Gegenmaßnahmen zur Belebung der Hefeaktivitäten eingeleitet werden. Das kann beispielweise bewirkt werden durch:

- Verlagerung des Fasses in einen wärmeren Bereich.
- Frostwächter installieren.
- Anwärmen des Mostes mit einem Most- oder Süßmostwärmer auf ca. 20 bis 25 °C. Achtung! Der Tauchsieder darf nicht auf dem Fassboden eines Kunststofffasses aufstehen (der Kunststoff schmilzt!) und sollte während des Aufheizens leicht bewegt werden. Ein Problem hierbei ist, dass durch das Öffnen des Deckels Sauerstoff und Keime eindringen können und den Gärverlauf behindern können.

Nach einigen Tagen setzt die Gärung wieder ein. Treten tiefere Temperaturen unter 10 °C während der Gärung nur über einen kurzen Zeitraum auf – z. B. ein oder zwei Tage – so setzt der Gärvorgang bei ansteigenden Temperaturen selbstständig wieder ein.

Bei dauerhaft kalten Kellern sollten Kaltgärhefen verwendet werden. Sie sind gezüchtet für Gärtemperaturen zwischen 6 und 15 °C. Allerdings brauchen auch sie für den Gärbeginn etwas höhere Temperaturen, sodass nötigenfalls der Presssaft mit einem Tauchsieder leicht erwärmt werden muss.

Erster Geschmackstest

Überprüfen Sie während der Gärungszeit immer wieder, ob der Gärspund noch genügend Sperrflüssigkeit enthält. Nach ungefähr sieben bis acht Wochen ist in der Regel fast der komplette Zucker des Saftes in Alkohol umgewandelt worden. Der erste Anstich kann gewagt werden. Das erste gefüllte Glas können Sie wegschütten, es ist sehr trübe. Das zweite oder dritte Glas ist nur noch leicht trüb. Die Farbe des Mostes ist gelblich, möglicherweise leicht ins grünliche gehend. Der Geruch ist fruchtig und der Geschmack ist durch die enthaltene Kohlensäure spritzig – eventuell kann der Most zu diesem Zeitpunkt noch ein bisschen nach Hefe schmecken.

Abstich – Warum den Most ablassen?

Die Hefen im Most haben in den letzten Wochen viel geleistet. Sie haben fast den ganzen Zucker in CO_2 und Alkohol (Ethanol) umgewandelt, aber im Verlauf des Prozesses nimmt das Nahrungsangebot an Zucker ab. Gleichzeitig nimmt der **Alkoholgehalt** im Most zu, die Umgebung wird für die Hefen giftig und sie sterben ab. Sie sinken mit anderen Partikeln auf den Boden des Fasses und bilden im Laufe der Zeit einen Bodensatz.
Im Übergangsbereich zwischen Satz und Most kann diese **Bodensatzbildung** den Geschmack des Apfelweines unter Umständen deutlich beeinflussen. Die Geschmacksbeeinträchtigung kann sich schon nach etwa vier bis sechs Wochen nach Beendigung der Gärung einstellen.
Um dem entgegenzuwirken, ist es ratsam, den Most nach Gärende abzulassen. Dieser Vorgang

Beim Abstich bleibt der Bodensatz im leeren Fass zurück.

wird auch „Abstich“ oder „vom Lager ziehen“ genannt. Darunter versteht man das Umfüllen des Mostes vom Fass in einen anderen Behälter, das Entfernen des Bodensatzes, das Reinigen des Mostfasses und das Zurückfüllen des Mostes in das saubere Fass.
Dieser Aufwand lohnt sich. Durch die damit verbundenen Verwirbelungen des Mostes wird der Gärprozess noch mal in Gang gesetzt. Der restliche Zucker wird durch eine Nachgärung in Alkohol gewandelt und der Most klärt sich noch weiter. Aber bevor der Most abgelassen wird, ist eine Beurteilung des Mostes notwendig.

TIPP: Besser für den Most ist der Verbleib in dem Fass, in das er umgefüllt wurde. Es lohnt sich also der Kauf eines zweiten Fasses. In Wochenblättern oder Zeitungen werden viele Kunststofffässer unter der Rubrik „Zu verschenken“ angeboten.

Erstbeurteilung des Mostes

Jetzt kommt der entscheidende Moment, der Aufschluss darüber gibt, wie der Most geworden ist. Entfernen Sie vorsichtig den Gärspund und schütten Sie die Sperrflüssigkeit aus. Im

Anschluss daran wird der Deckelverschluss gelöst und der Deckel vom Fass abgenommen. Jetzt kann eine Erstbeurteilung des Mostes durchgeführt werden.

So sollte gelungener Most aussehen: Wenn man den Most von oben anschaut, ist die Farbe Goldbraun bis Braun, die Oberfläche ist nahezu frei von Mustern oder Farbveränderungen. Riechen muss er angenehm und fruchtig. Wenn das so ist, kann mit dem Ablassen begonnen werden.

Wenn aber die Oberfläche mit einer dünnen weißen Haut überzogen ist, dann handelt sich um die Kahmhefe, hier kann mit Schwefelung noch bedingt gegengesteuert werden.

So sollte Most aussehen, wenn man ihn vor dem ersten Abstich von oben betrachtet.

Die Kahmhefe bildet einen weißlichen Belag auf dem Gärmost.

Riecht Ihr Most nach Essig, so haben Essigbakterien den Most unbrauchbar gemacht. Beim Milchsäurestich hat der Most einen sauerkrautähnlichen Geruch, bei einem starken Stich ist der Most nicht mehr trinkbar.

Häufige Mostfehler und Tipps zur Problemlösung werden ausführlich auf den Seiten 45–48 beschrieben.

Ablassen – So wird's gemacht

Wenn die Erstbeurteilung abgeschlossen ist und alles in Ordnung ist, kann mit dem Ablassen begonnen werden. Alles, was dazu benötigt wird, sind:

- ein sauberes Schlauchstück von ca. 1,5 m bis 2,5 m Länge zum Ablassen des Mostes in ein bereitgestelltes Fass oder sonstige Gefäße,
- notfalls Eimer zum Abschöpfen, wenn nicht mit dem Schlauch abgelassen wird, und Gefäße zur Zwischenlagerung – hier eignen sich große Eimer, saubere geputzte Regentonnen, Maischebottiche und andere saubere Gefäße,
- Reinigungsmaterial (Hand-Fassbürste, Fassbürste mit Stiel, kleine Flaschenbürste, evtl. einen Hochdruckreiniger).

TIPP: Je weniger Luft beim Abstich an den Most gelangt, umso weniger unerwünschte Mikroorganismen können sich ansiedeln.

Das Ablassen des Mostes wird dann in folgender Reihenfolge durchgeführt:

- Vorsichtiges Entfernen des Gärspundes und Ausschütten der Sperrflüssigkeit,
- Ablassen des Mostes mit dem Schlauch – der Schlauch sollte nicht auf dem Fassboden aufsitzen, sonst wird der Bodensatz, den Sie nicht haben wollen, mit abgesaugt.

Das Fass, das entleert werden soll, steht etwas höher und der Schlauch hängt durch die obere Öffnung ins Fass. Jetzt saugen Sie so lange am anderen Schlauchende, bis der Most von selber fließt. Nun müssen Sie schnell dieses Schlauchende ins leere Fass hängen und der Most fließt selbstständig von einem Fass ins andere.

Fertiger Most im Glas – noch leicht trüb, aber sehr lecker!

Oder

- Ablassen des Mostes nur über den Fasshahn, dann dauert es aber deutlich länger.

Oder

- Vorsichtiges Abschöpfen des Mostes aus dem Fass mit dem Eimer – hier bitte darauf achten, dass nicht zu viele Turbulenzen in der Flüssigkeit entstehen. Dies sollte aber nur dann gemacht werden, wenn wirklich keine andere Möglichkeit zur Verfügung steht!

Übrig bleibt der fast leere Behälter mit einer den Boden bedeckenden Schlämme. Das leere Fass, Deckel, Fasshahn, Dichtungen und Gärspund werden gereinigt, Fass und Deckel am besten mit einer Fassbürste und einem Hochdruckreiniger. Eine anschließende Schwefelung ist bei einem Kunststoff- oder Edelstahlfass nicht notwendig. Nach Abschluss der **Reinigungsarbeiten** wird der Fasshahn montiert – auf einen guten Sitz der Dichtflächen achten! – und den Hahn auf „geschlossen" stellen. Das Fass wird auf den dafür vorgesehenen Platz gestellt. Jetzt kann mit dem Umfüllen über einen Schlauch begonnen werden. Es muss darauf geachtet werden, dass der Most nicht in das Fass hineinplätschert, der Schlauch sollte auf dem Boden aufliegen. Ist das Fass gefüllt, wird der Deckel aufgesetzt – auch hier auf einen guten Sitz der Dichtung achten. Abgeschlossen wird diese Aktion durch das leichte Eindrehen des Gärspundes. Jetzt wird noch der Gärspund mit Sperrflüssigkeit gefüllt, damit wäre das „Ablassen des Mostes" abgeschlossen.

In ein bis zwei Wochen ist der Most dann ganz fertig. Aber schon während dieser Zeit können Sie eine Kostprobe des Mostes abzapfen, er ist vielleicht noch nicht ganz kristallklar, aber Geruch, Geschmack, Farbe und Aussehen stimmen schon.

ABLASSEN DES MOSTES

- Bei ausklingender Gärung wird der Most abgelassen – meist ein bis vier Wochen nach Gärungsende.
- Je weniger Säure der Most besitzt, desto früher muss der Abstich erfolgen.
- Keinen Bodensatz mit umfüllen.
- Nach dem Umfüllen kann Kaliumdisulfit zugegeben werden.

Und wenn etwas schiefgeht?

Viele Fehler bei der Gärmostbereitung lassen sich durch Hygiene, die Verwendung von Reinzuchthefe, maßvolle Schwefelung, rechtzeitigen und sauberen Abstich sowie die richtigen Temperaturen während und nach der Gärung vermeiden. Aber trotz aller Vorsicht können manchmal doch Fehler oder Krankheiten auftreten. Mit der Tabelle rechts können Sie sie aufspüren und möglicherweise noch beheben.

TIPP: Die Zugabe von Reinzuchthefe und Schwefel zu Beginn der Gärung helfen, Gärprobleme zu vermeiden.

Gärprobleme finden und beheben

Problem	Ursachen	Abhilfe
Es sind nach 3–4 Tagen **keine Göraktivitäten** (Austreten von Gasen über den Gärspund) feststellbar	Die Temperatur des abgepressten Saftes ist niedriger als 10 °C.	• Mit einem Süßmostwärmer (Tauchsieder sind ungeeignet) den Most auf ca. 20 °C erwärmen. • Fass in einem wärmeren Raum auffüllen und erst später an den dafür vorgesehenen Platz stellen. • Raum beheizen. • Der Spanngurt des Deckels wurde zu fest angezogen, das Fass hat sich verwölbt und die Gärgase haben einen anderen Weg zum Entweichen gefunden • Der Gärspund ist nicht richtig in den Deckel eingebracht. • Fehlerhafter Dichtungssitz zwischen Deckel und Fass – Gärgase entweichen über den Deckel.
	Keine Reinzuchthefe beigegeben.	• Nachträgliche Zugabe von Trocken- oder Flüssighefe.
	Zu stark geschwefelt.	• SO_2 wirkt bei hoher Dosierung stark verzögernd auf den Gärprozess.
Leichter Essiggeruch 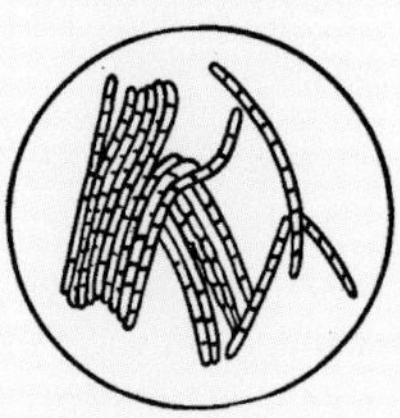 *Essigbakterien ca. 2000fache Vergrößerung*	Essigbakterien: • Infektion der Maische. • Unzureichende Reinigung/ Hygiene. • Zu wenig Gärraum im Fass – Schaum ist ausgetreten. • Kein Gäraufsatz – Bakterien sind eingedrungen. • Keine Schwefelung. • Abstich an der Luft.	Nur im schwachem Anfangsstadium möglich. • Most ablassen und das Fass sehr sauber reinigen. • Erhitzen des Mostes auf ca. 70 °C in einem Email- oder Aluminiumtopf. • Nach dem Erkalten 0,2–0,3 kg Zucker pro 100 Liter Most. • Zugabe von Reinzuchthefe und Kaliumdisulfit. Ein Qualitätsverlust ist immer die Folge.
Starker Essiggeruch	s. o.	Der Most ist nicht mehr zu retten.

Gärprobleme finden und beheben (Fortsetzung)

Problem	Ursachen	Abhilfe
Schimmelgeruch, -geschmack 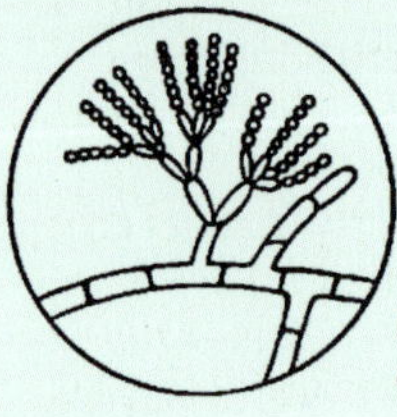 *Pinselschimmel ca. 600fache Vergrößerung*	Verwendung von: • Stark angeschimmeltem Obst. • Mit Schimmel versehene Geräte wie: Schläuche, Fass, etc.	Nur im schwachen Anfangsstadium möglich. • Most durch einen Aktivkohlefilter laufen lassen. Allerdings werden außer dem Schimmel auch die guten Geschmacksstoffe reduziert.
Weißes Häutchen auf der Oberfläche des Mostes 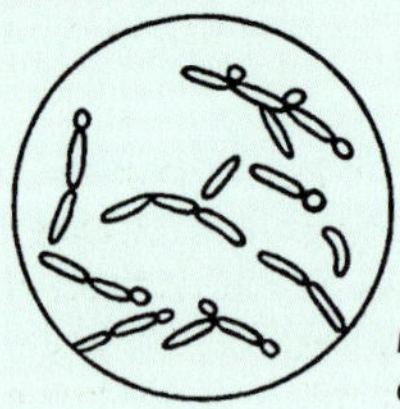 *Kahmhefen ca. 600fache Vergrößerung*	• Undichtigkeit und damit Luftzufuhr. • Niedriger Alkoholgehalt. • Zu geringe Schwefelung.	Wenn die Krankheit noch nicht zu weit fortgeschritten ist, kann folgender Rettungsversuch unternommen werden: • Vorsichtiges Ablassen des Mostes. • Fass gründlich reinigen. • Schwefeln, Säuremangel ausbessern. • Fass fest verschließen und mit Gärspunden versehen.
Milchsäurestich: Der Most hat einen süßlich-sauren Geschmack und einen an Sauerkraut erinnernden Geruch	Diese Krankheit kommt bei Obstweinen vor, die • zu wenig Säure • Gerbstoffe • zuviel unvergorenen Zucker enthalten. Eine • zu hohe Kellertemperatur • zu spätes Ablassen des Mostes • unzureichendes Schwefeln unterstützt die Bildung von Milchsäurebakterien.	Vorbeugung: Richtig zusammengesetzte Obstsorten. Nicht zu warm lagern, den Apfelwein nach den Dosierungsvorgaben schwefeln, rechtzeitiges Ablassen und Entfernen der Hefe aus dem Fass. Ist der Most schwach geschädigt, können folgende Maßnahmen zur Rettung eingeleitet werden: • Erhitzen des Mostes auf ca. 65 °C, • Säuregehalt prüfen ggf. aufsäuern • 2–3 kg Zucker auf 100 Liter Most zugeben, • Reinzuchthefe nach Dosierungsvorgabe zugeben. Durch diese Maßnahmen werden die Bakterien abgetötet und eine zweite Gärung wird eingeleitet. Nach Beendigung der Gärung rechtzeitig den Most ablassen.

Gärprobleme finden und beheben (Fortsetzung)

Problem	Ursachen	Abhilfe
Zähwerden: Der Obstwein wird dickflüssig und fließt geräuschlos unter Umständen mit langen Fäden in das Glas	Das Schleimig- oder Zähwerden des Mostes wird in den meisten Fällen durch Bakterien und Schleimhefen verursacht. Die Verwendung von säure- und gerbstoffarmen Obst begünstigt die Infektionsgefahr.	Vorbeugung: • Verwendung von säure- und gerbstoffreichem Obst. • Sauberkeit von Fass und Fasszubehör. • Rechtzeitig nach der Gärung den Most ablassen. • Schwefelung durchführen Ist der Most davon befallen, kann er nicht mehr gerettet werden. Filtration und anschließendes starkes Schwefeln führen zu deutlichen Geschmackseinbußen.
Bitterwerden: Der Most schmeckt sehr bitter	Die Maische wurde zu stark zerkleinert, sie war mußig. Dadurch wurden die Stiele und Samen des Obstes aufgerissen.	Die Behandlung kann mit Aktivkohle, Gelatine und anschließender Filtration durchgeführt werden. Erfordert aber einige Erfahrung. Mit süßem Sprudel kann der Misserfolg kaschiert werden.
Brauner Bruch: Der fertige Most nimmt im Glas eine bräunlich-graue Färbung an	Es wurde Obst von schlechter Qualität verwendet: • faulig, • verschimmelt, • säurearm. Der abgepresste Saft wurde nicht durch: • Aufsäuerung • Schwefelung behandelt.	Durch starkes Schwefeln kann noch einiges gerettet werden. Aber mit Geschmackseinbußen muss gerechnet werden.
Weißer Bruch: Der zunächst klare Obstwein bekommt im Laufe der Zeit einen weißlich- bis bläulich-grauen Schimmer.	Unter Lufteinfluss werden schwer lösliche Eisenphosphate ausgeschieden. Kommt oft in Verbindung mit einer Eiweiß- und Gerbstofftrübung vor.	Um hier wirksam eine Behandlung durchführen zu können, sind tiefere Obstweinkenntnisse erforderlich. Folgende Maßnahmen können durchgeführt werden: • Gelantineschönung • Blauschönung • Verwendung von Bentonit (Ausflocken von Eiweiß)

Gärprobleme finden und beheben (Fortsetzung)

Problem	Ursachen	Abhilfe
Schwefelgeruch/-geschmack: Es riecht nach Schwefel oder fauligen Eiern	Kommt bei der Verwendung von Holzfässern vor. Hier ist bei der Schwefelung der Holzfässer unverbrannter Schwefel in das Fassinnere gelangt, der von der Hefe in Schwefelwasserstoff umgewandelt worden ist.	Erste Hilfe durch: • Ablassen des Mostes, • Schwefeln. Durch Zugabe von: • Zucker und • Reinzuchthefe kann die Gärung nochmals in Gang gebracht werden.
Hefeböckser: Der Most riecht unangenehm nach fauler Hefe	Es wurde säurearmes Obst verwendet und der Most lag zu lange auf der Hefe im Fass. Oder der Most wurde nicht abgelassen.	Vorbeugend: Verwendung von säurereichen Obstsorten. Wenn der Most geschädigt ist, kann mit einer • Gelatineschönung, • anschließendem Ablassen des Mostes und • Schwefeln viel erreicht werden.

Herstellung von Saft

Die Herstellung von Apfelsaft erfordert etwas mehr Vorbereitung und ebenfalls eine sorgfältige Durchführung der dazu notwendigen Arbeitsschritte. Damit Sie alles richtig machen und die Mühe auch genießen können, sind in den nachfolgenden Kapiteln die Grundlagen, Voraussetzungen, biologischen Zusammenhänge, die verschiedenen Herstellungsprozesse und eventuell eintretende Probleme bei der Saftherstellung ausführlich beschrieben.

Wegen des angenehmen Geschmacks und der durstlöschenden Wirkung des unvergorenen Saftes hat es schon immer Bestrebungen gegeben, den Apfelsaft für längere Zeit haltbar zu machen. Leider befinden sich aber im frisch gepressten Saft eine Vielzahl von Mikroorganismen, die den Saft rasch verderben lassen oder den Gärprozess einleiten. Um den Saft längere Zeit haltbar zu machen, ist ein **Konservierungsverfahren** notwendig, das die schädlichen Mikro-

APFELSAFT SCHRITT FÜR SCHRITT

Schritt 1 Den Presssaft wegen der Gefahr des Angärens nicht zu lange in den Behältern stehen lassen, sondern so schnell wie möglich nach Hause transportieren.

Schritt 2 Nach dem Transport den Saft in den Saftkocher oder ein Edelstahlfass einfüllen.

Schritt 3 Saft auf die Pasteurisiertemperatur (78 °C) erhitzen.

Schritt 4 Temperatur an der Saftoberfläche und am Ablauf messen.

Schritt 5 Wenn die richtige Temperatur an beiden Messstellen erreicht ist, muss sie je nach Füllvolumen eine bis fünf Minuten gehalten werden.

Schritt 6 Mit dem Abfüllen in Flaschen oder Bag in Box beginnen. Alternativ beim Edelstahlfass Schwimmdeckel aufsetzen und Vaseline-Öl einfüllen.

Schritt 7 Den heißen Saft langsam abkühlen lassen.

Schritt 8 Geräte unmittelbar nach Beenden der Arbeit vom Saft reinigen.

Schritt 9 Nach zwei Tagen erste Kostprobe.

Selbstgemachter, naturtrüber Apfelsaft ist ein echter Genuss!

organismen ohne Qualitätsverlust beim Saft abtötet. Dieses Verfahren nennt man Pasteurisieren. Darunter versteht man die kurzfristige Erhitzung von Substanzen zur Abtötung von Mikroorganismen. Der wesentliche Unterschied zur Sterilisation besteht darin, dass das Pasteurisieren in einem Temperaturbereich zwischen 60 und 90 °C stattfindet, während die Sterilisation über 100 °C durchgeführt wird.

Flasche, Box oder Fass?

Für die Weiterverarbeitung des Presssaftes zu haltbarem Saft kommt die Pasteurisierung im Hobbybereich bei folgenden Anwendungen zum Einsatz:

- Abfüllen in Flaschen,
- Bag in Box,
- Edelstahlfass mit Schwimmdeckel.

DRUCKMOSTFASS – PRICKELNDER APFELSAFT

Beim Druckmostfass handelt es sich meist um ein Edelstahlfass mit Einfüllöffnung, Steigrohr mit Zapfsäule, Manometerbefestigung und Überdruckventil. Die Fassgrößen liegen zwischen 30 und 100 Litern. Die Bezeichnung Druck-Most-Fass sagt schon, das hier mit Druck gearbeitet wird. Der Vorgang ist relativ einfach. In das Fass wird der Presssaft eingefüllt – Reinzuchthefe nicht vergessen – und mit dem Deckel verschlossen. Manometer aufsetzen – fertig sind die Vorbereitungen. Nach etwa einer Woche setzt der Gärprozess ein. Der Druck im Innern des Fasses steigt kontinuierlich an, bis der Innendruck so hoch ist, dass der Gärprozess ins Stocken kommt. Zu diesem Zeitpunkt ist aber noch nicht der ganze Zucker in Alkohol gewandelt worden, sondern nur ein Teil. Nach rund zwei Wochen kann die erste Kostprobe abgezapft werden. Der Most hat schon eine gelbliche Farbe, ist aber noch trübe, riecht sehr fruchtig und im Glas perlt es – durch die Gärung ist noch viel Kohlensäure im Saft. Er schmeckt süßlich saftig und hat wenig Alkohol – etwa 1–2 Vol.-%. Durch das Ablassen des Mostes hat sich der Innenraum des Fasses vergrößert und der Innendruck hat sich verringert. Aufgrund dieser Bedingungen setzt die Gärung wieder ein, weiterer Zucker wird in Alkohol gewandelt. Dieser Prozess setzt sich fort, bis der komplette Zucker in Alkohol gewandelt ist – Voraussetzung ist, dass kontinuierlich Most aus dem Fass entnommen wird. Am Ende – wenn der Inhalt fast aufgebraucht ist – hat der Most einen weinähnlichen Geschmack, ist fast klar und der Alkoholgehalt liegt zwischen 6 und 8 Vol.-%. Mit dem Druckmostfass können Sie verschiedene Mostgeschmacksvarianten über den Gärzeitraum genießen. Sie haben aber auch die Möglichkeit, Druck von außen zuzugeben und damit den Alkoholgehalt dauerhaft unter 0,5 Vol.-% zu halten. Die Zugabe von Schankgas oder Kohlensäure erhöht den Innendruck im Fass „künstlich" und stoppt den Gärprozess.

Edelstahl-Druckmostfass mit Steigrohr, Zapfsäule, Hahn und Manometer.

Für alle drei Verfahren gilt, dass sie für den Anwender einfach zu handhaben sind, der Kaufpreis sich in Grenzen hält und keine besonderen Räumlichkeiten notwendig sind.

Abfüllen in Flaschen

Gängiges und sehr bekanntes Verfahren, bei dem der heiße Apfelsaft in Glasflaschen eingefüllt wird. Dieses Verfahren ist sehr arbeitsintensiv und eignet sich für kleine Mengen von ca. 60–100 Liter. Die Herstellung und das Abfüllen von Saft in Flaschen können Sie ohne größere Einschränkungen in der Küche durchführen. Alles, was Sie dazu brauchen, sind:

- ein oder zwei große Töpfe, bequemer geht es mit einem Saftkocher mit ca. 30 Litern Fassungsvermögen und Thermostatschaltung,
- Thermometer, Abfülltrichter, mittelgroße Schüssel, Messbecher mit Griff,
- Küchenschürze, Topflappen oder Herdhandschuhe (nicht zu dick, sonst kann die Flasche nicht richtig gegriffen werden), Geschirrschwamm,
- einwandfreies Flaschenmaterial und Verschlüsse,
- Flaschen-, Saftkisten oder stabile Holzkisten, in denen die gefüllten Flaschen gelagert werden können.

Der Standort des Saftkochers sollte so gewählt werden, dass die Flaschen bequem unter den Hahn gestellt werden können. Nachdem alles an seinem richtigen Platz steht, kann mit dem Einfüllen des Saftes in die Töpfe bzw. in den Saftkocher begonnen werden. Im Anschluss daran erfolgt das Erhitzen des Saftes auf die **Pasteurisiertemperatur** von 78 °C.

Wenn der Saft die Temperatur erreicht hat und die Pasteurisierzeit abgewartet worden ist, wird der heiße Saft in die Flaschen abgefüllt. Werden die Flaschen leicht vorgewärmt – auf 30 bis 40 °C – so vermindert sich das Risiko, dass das Glas während des Abfüllens springt. Verwenden Sie nach Möglichkeit Glasflaschen mit einer großen Einfüllöffnung. Sprudelflaschen eignen sich nicht so gut, da während des Einfüllens die Luft aus der kleinen Flaschenöffnung nur langsam entweichen kann. Dadurch dauert der Füllvorgang länger und die Flasche wird sehr heiß. Die Flaschen werden bis ca. 2–3 Millimeter unter den Flaschenrand mit dem heißen Saft aufgefüllt. Beim Abfüllen sollte die Hand, die die Flasche hält, immer mit einem großen Topflappen oder einem Handschuh geschützt werden. Durch den Handschutz werden Verbrühungen oder Schnittwunden vermieden, falls während des Einfüllens doch einmal die Flasche zerspringen sollte,

Nach Abschluss des Füllvorganges werden die Flaschen gleich fest verschlossen und in die Kiste stehend abgelegt. Verschlossen werden die Flaschen mit dem sauber geputzten und nicht beschädigten Originaldeckel oder mit speziellen Süßmostkappen, die im Kellereifachhandel erworben können. Getränke-Kunststoffflaschen sind für diese hohen Temperaturen nicht ausgelegt und dürfen nicht verwendet werden.

Im Saftkocher kann es eine bis 1½ Stunden dauern, bis die Pasteurisiertemperatur erreicht wird. Damit ergibt sich eine **Tagesabfüllleistung** von ca. 100 Litern. Einfaches und preisgünstiges Verfahren zur Haltbarmachung von Apfelsaft.

Werden nur wenige Flaschen Saft hergestellt, so können diese auch im Wasserbad erhitzt werden. In einen großen Topf, der zu ⅔ mit Wasser gefüllt ist, werden drei bis vier mit Presssaft bis kurz unter den Flaschenrand gefüllte, gleichgroße, unverschlossene Flaschen auf einen hitzebeständigen Kunststoffrost gestellt. Der Rost ist notwendig, weil mit zunehmender Temperatur das Wasser zu sprudeln beginnt und die Flaschen dadurch in Bewegung geraten. Werden die Bewegungen zu intensiv, kann schon mal eine Flasche zu stark auf dem Topfboden aufsetzen und zu Bruch gehen. Es wird die Safttemperatur, nicht die Wassertemperatur gemessen. Ist die Pasteurisiertemperatur von 78 °C erreicht und die Wartezeit eingehalten worden, werden die Flaschen herausgenommen, verschlossen und senkrecht in einer Kiste abgelegt. Dieses Verfahren sollte nur bei kleinen Mengen angewendet werden, da es sehr zeitintensiv ist.

DARAUF SOLLTE GEACHTET WERDEN

- Verwenden Sie Flaschen mit einer großen Einfüllöffnung.
- Geeigneten Handschutz tragen.
- Auffüllen bis ca. 2 bis 3 mm unter den Flaschenrand.
- Nach dem Auffüllen gleich fest verschließen.
- Kunststoffflaschen sind nicht geeignet.

Bag in Box

Frei übersetzt versteht man darunter den Beutel (Füllschlauch) in der Schachtel (Verpackung). Dieses Verfahren hat seinen Ursprung in den USA, wo es 1946 entwickelt wurde. Erst spät in den 1990ern kam dieses Verfahren über die Schweiz in den süddeutschen Raum. Seit dieser Zeit steigt die Nachfrage nach diesen Behältnissen im gewerblichen Bereich und im Hobbybereich kontinuierlich an.

Der heiße Saft wird in einen mit einem kleinen Absperrhahn versehenen Folienschlauch gefüllt. Dieser Schlauch wird dann in einen stabilen Pappkarton gelegt und verschlossen. Entnommen wird der Saft über den Hahn. Da zwischen verschiedenen Größen (3, 5, 10 Liter) gewählt werden kann, reduziert sich der Arbeitsaufwand deutlich. Mit diesem Verfahren können bis zu 150 Liter Apfelsaft in einer akzeptablen Zeit abgefüllt werden. Das Füllen der Folienschläuche kann in der Küche durchgeführt werden.

Für das Abfüllen des Apfelsaftes im Bag-in-Box-Verfahren sind **zwei Vorgehensweisen** möglich:

a) Abfüllen und Mitnehmen der fertig gefüllten Bag-in-Box-Behälter bei einem Lohnunternehmen.

b) Kaufen der Füllschläuche und Abfüllen zu Hause.

Das unter a) beschriebene Verfahren ist einfach und schnell, aber etwas teurer. In vielen Gemeinden und Mostereien können die Betriebe, die dieses Verfahren anbieten, erfragt werden. Sie müssen dann nur noch bei dem betreffenden Betrieb eine Bestellung aufgeben, Gesamtsaftmenge und Gebindegröße (3, 5, 10 Liter) angeben und nach Fertigstellung abzuholen. Die gefüllten Gebinde können bequem auf kleinem Raum (Keller, Küche, Wirtschaftsraum) gestapelt werden. Ein Fünf-Liter-Gebinde im Karton hat bequem auf der Arbeitsplatte der Küche Platz, durch die meist schönen Aufdrucke auf dem Karton sieht es auch ansprechend aus. Die Entnahme des Saftes erfolgt über einen kleinen Hahn auf der Stirnseite.

Wird dagegen zu Hause abgefüllt (b), so können für das Abfüllen alle Gerätschaften wie auf Seite 50 beschrieben verwendet werden. Der Ablauf ist prinzipiell der gleiche, außer dass Sie nicht in Flaschen, sondern in einen Schlauchbeutel abfüllen. Beim **Abfüllen** in den Schlauchbeutel gibt es noch eine Besonderheit, auf die Sie achten müssen. Der Abstand zwischen Ablaufhahnende (Saftkocher) und Arbeitsfläche sollte ca. 10 bis 15 cm betragen. Damit wird erreicht, dass der gefüllte Beutel nicht in der Luft hängt, sondern sauber aufliegt. Der Füllvorgang selbst unterscheidet sich nur geringfügig vom Abfüllen in Flaschen. Wenn der leere Beutel auf der Arbeitsfläche liegt, lösen Sie den Verschlussstopfen, dann nehmen Sie die Einfüllöffnung zwischen Daumen und Zeigefinger und führen diese soweit wie möglich an den Ablaufhahn heran. Jetzt füllen Sie den Beutel vorsichtig. Sollte doch einmal etwas Saft über den Rand hinausgehen, bitte nach Beendigung des Füllvorganges sofort den Beutel sauber abwischen. Wenn

So sieht es im Pappkarton aus.

Der Zapfhahn ist bereits in den Folienschlauch integriert und muss nur noch durch die dafür vorgesehene Öffnung im Karton gezogen werden.

der Beutel fast voll ist, drücken Sie ihn leicht nach unten, damit die überschüssige Luft entweicht, anschließend drücken Sie sofort den Verschlussstopfen ein. Der gefüllte Beutel kommt dann gleich in den Karton oder wird separat gelagert. Wegen der dünnen Folie ist eine vorsichtige Behandlung des Beutels notwendig.

TIPP: Füllen Sie immer nur die dafür vorgesehene Menge in den Beutel, er passt sonst nicht mehr in den Karton!

Der Beutel kann nur einmal gefüllt werden und muss nach dem Gebrauch entsorgt werden. Da die Beutel in verschiedenen Größen – abhängig vom Hersteller – angeboten werden, können auch große Apfelsaftmengen relativ schnell abgefüllt werden.
Erfahrungen bei Anwendern und einem Hersteller von Obstverwertungsmaschinen haben gezeigt, dass eine zu schnelle Abkühlung – z. B. durch den sofortigen Transport der Flaschen/Folienschläuche in einen kühlen Kellerraum – nicht empfehlenswert ist, es können deutliche Geschmackseinbußen auftreten.

Lagern Sie die Kartons in frostfreien und trockenen Räumen. Zum Anzapfen legen Sie den Karton hin und stellen Sie ihn auch nicht mehr auf, auch nicht für Transporte.

Edelstahlfass mit Schwimmdeckel

Hier wird der Saft im Edelstahlfass erhitzt und mit einem lebensmittelechten Öl und einem Schwimmdeckel abgedeckt. Die Entnahme erfolgt über einen Ablaufhahn. Da eine große Menge Saft auf einmal hergestellt werden kann, ist der Zeitbedarf im Verhältnis zur Menge relativ gering. Für die Herstellung von Saft im Fass ist ein geeigneter Keller- oder Abstellraum notwendig.
Im Gegensatz zu den oben beschriebenen Verfahren, bei denen immer der Presssaft erhitzt und dann heiß in die Behältnisse gefüllt wird, wird hier der Presssaft im Fass (Behältnis) mit Hilfe eines leistungsstarken Tauchsieders erhitzt. Dieses Verfahren ist besonders für Familien interessant, die sehr viel Apfelsaft trinken. In einem Fünfpersonenhaushalt können in einem Jahr durchaus bis zu 800 Liter Apfelsaft verbraucht werden. Bei einer dreiköpfigen Familie liegt der Jahresbedarf zwischen 200 und 300 Litern. Es handelt sich hierbei um Orientierungswerte, die

Gereinigte Edelstahlfässer.

Befüllen Sie das Edelstahlfass nur bis maximal 10 cm unter den Rand mit Presssaft.

Das ist eine Möglichkeit, den Tauchsieder am Edelstahlfass zu befestigen.

abhängig von den persönlichen Trinkgewohnheiten sind.

Die Investitionen für Fass, Tauchsieder und Zubehör sind nicht ganz gering, aber über mehrere Jahre gerechnet, ist es eine Alternative zum Bag-in-Box-Verfahren.

TIPP: Fass und Tauchsieder werden auch günstig gebraucht auf dem freien Markt, bei Internetauktionen oder bei den Händlern angeboten.

Zur **Grundausstattung** für die Herstellung von Apfelsaft im Schwimmdeckelfass gehören:

- ein Edelstahlfass – wird im Handel in verschiedenen Größen von 50 bis 300 Liter angeboten,
- ein leistungsstarker und für dieses Einsatzgebiet geeigneter Tauchsieder,
- Vaseline-Öl,
- ein Silikonschlauch,
- ein tragfähiges Podest für das Fass.

Und so geht's: Die Vorbereitungen belaufen sich auf das sichere Aufstellen des gereinigten Fasses auf dem Podest, der Prüfung, ob noch genügend Vaseline-Öl vorhanden ist – je nach Fassgröße sind bis zu zwei Liter Öl notwendig. Kontrollieren Sie auch den Silikon-Ablaufschlauch: Ist er noch gut am Ablauf befestigt oder weist er Schadstellen (kleine Risse, Sprödigkeit) auf? Die Abstandshalter für den Schwimmdeckel sollten vollständig (mindestens vier Stück) vorhanden sein und dürfen keine Beschädigungen aufweisen. Wenn die Vorbereitungen abgeschlossen sind, kann mit dem Einfüllen des Saftes begonnen werden.

Füllen Sie das Fass bis maximal 10 cm unter den Fassrand, dann ist noch genügend Platz für den Schwimmdeckel, der später aufgesetzt wird.

Im Gegensatz zur Gärmostvorbereitung werden beim Apfelsaft **keine Zusätze** hinzugegeben. Nachdem das Fass gefüllt ist und Sie ein letztes Mal kontrolliert haben, ob der Ablaufschlauch

dicht ist, wird der Saft erhitzt. Die **Erhitzung** erfolgt mit einem leistungsstarken Tauchsieder mit 2000–2300 Watt Leistung bei 230 Volt und Thermostatsteuerung.
Der Tauchsieder sollte einen langen Schaft (mindestens 50 cm oder länger) besitzen, damit auch der untere Bereich des Saftes im Fass erhitzt wird – Haushaltstauchsieder sind für dieses Einsatzgebiet nicht geeignet. Für die Erwärmung eines 300-Liter-Fasses ist wegen der großen Saftmenge die Verwendung von zwei Tauchsiedern mit je 2300 Watt oder einem Tauchsieder mit noch höherer Leistung und Kraftstrom (400 Volt) zu empfehlen. Das untere Ende des Tauchsieders sollte sich etwa 10 cm über dem Fassboden befinden, nur so kann die zu erwärmende Flüssigkeit gut von unten nach oben und wieder zurück zirkulieren.
Bei den in der Tabelle rechts oben angegebenen **Erhitzungszeiten** handelt es sich um Werte für die exakt gesteuerte industrielle Abfüllung. Wenn Sie ihren Saft selber herstellen, liegen andere Bedingungen vor. Durch variierende Saftmengen, Safttemperaturen, Umgebungstemperaturen und Isolation des Fasses ergeben sich zwangsläufig andere Erhitzungszeiten, die bis zu einer halben Stunde von den Angaben abweichen können.
Während der Erhitzungszeit muss die Temperatur anfangs nicht kontrolliert werden, erst gegen Ende, wenn die Safttemperatur 70 bis 75 °C erreicht hat, sollte in kürzeren Abständen (alle 10 bis 15 Minuten) gemessen werden. Für das Messen der Temperatur sind **zwei Messstellen** wichtig: die Temperatur an der Oberfläche und die Safttemperatur am Fassboden. Diese beiden Temperaturwerte müssen gleich sein. Ist das nicht der Fall, muss der Fassinhalt in Bewegung gebracht werden, damit die wärmeren und kälteren Schichten im Fass durchgemischt werden. Für die Temperaturmessung am Fassboden wird Saft aus dem Ablaufhahn entnommen. Um sicher zu gehen, dass alles keimfrei ist, entnehmen Sie ca. 1–2 Liter Saft durch den Ablaufhahn, damit werden Ablaufhahn, -schlauch und die Kleinteile keimfrei. Nach der Messung wird der heiße Saft wieder in das Fass zurückgeschüttet. Wichtig ist, dass am Ablauf eine Safttemperatur von 78 bis maximal 80 °C über eine längere Zeit (Pasteurisiertemperatur) erreicht wird.

Safterhitzungszeiten

Füllmenge in Liter	Energiebedarf* von 10–80 °C in KW	Zeitbedarf* (2,2 KW Tauchsieder) für die Erhitzung in Stunden (h)
50	4–5	2–2,5
75	6–7	2,5–3
100	8–9	4–4,5
150	12–13	5,5–6
200	16–17	7–7,5
300	24–26	11–12

*Orientierungswerte

Pasteurisiertemperaturen von Apfelsaft

Erhitzungstemperatur in °C	Erhitzungszeit in Sekunden
95,5	0
86	20
82,5	40
81	60
79,5	80
78,5	100
78	120
77	140

(aus: Schobinger 2001)

Zeigt das Thermometer am Ablauf und an der Oberfläche Temperaturen zwischen 78 und 80 °C an, wird diese Pasteurisiertemperatur mindestens so lange gehalten, wie in der Tabelle auf Seite 55 aufgeführt ist.

TEMPERATURMESSUNG

Führen Sie eine exakte Temperaturmessung mit einem Flüssigkeitsthermometer, das bis 100 °C anzeigt, durch. Verlassen Sie sich nicht auf den Temperaturthermostat am Tauchsieder, dieser hat eine Genauigkeit von +/– 5 °C und mit zunehmendem Alter des Tauchsieders können die Angaben noch stärker schwanken.

Anmerkung: Aus eigenen Erfahrungen kann der Prozess „Messen an der Oberfläche – Messen am Ablauf – Umrühren des Saftes – evtl. weiteres Erhitzen – Wiederholung der Messungen“ bis zu 10 Minuten dauern.

Safttemperaturen, die über einen längeren Zeitraum (4 bis 5 Minuten) deutlich über 80 °C liegen, führen zur einer Geschmacksveränderung des Saftes in Richtung Apfelmus.

Nun ist der Aufheizvorgang abgeschlossen und der Tauchsieder kann entnommen werden. Vorsicht bei der Herausnahme des Tauchsieders, er ist sehr heiß! Ab diesem Zeitpunkt muss es schnell gehen, damit der Saft nicht zu sehr abkühlt. Der nächste Schritt beinhaltet das saubere Abschöpfen des Schaumes von der Oberfläche, das geschieht am besten mit einem großen Abschöpfsieb.

Auch der innen liegende Rand des Fasses wird mit einem Schwamm sauber von den Schaumresten befreit. Danach wird der **Schwimmdeckel aufgesetzt**. Hier ist Sorgfalt notwendig, Fehler können zum Totalverlust des Saftes führen. Und damit das nicht geschieht, wird der Ablauf nachfolgend so exakt wie möglich beschrieben.

Abschöpfen des Schaumes von der Oberfläche.

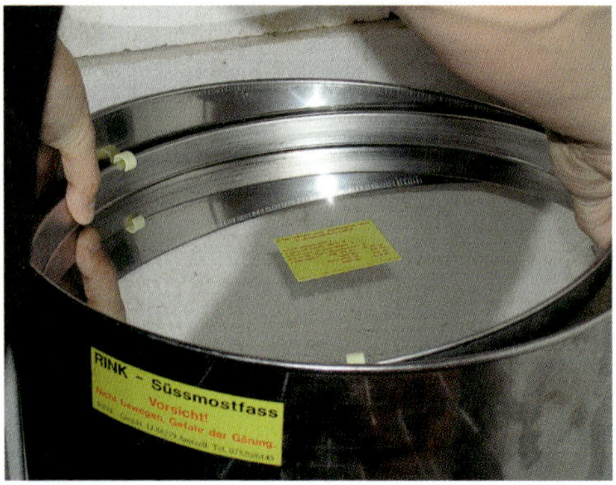

Setzen Sie den Schwimmdeckel zuerst leicht schräg auf den Apfelsaft.

Füllen Sie das Öl am besten mit einem Messbecher und einem Trichter ein.

KURZ UND GUT

- Fass maximal bis 10 cm unter den Fassrand füllen.
- Für die Erhitzung des Saftes leistungsstarke Tauchsieder verwenden. Bei Verwendung einer Kabeltrommel ist das Kabel komplett abzuwickeln (Überhitzungsschutz).
- Messung der Safttemperatur an zwei Stellen: an der Oberfläche und am Saftablauf.
- Die Erhitzungstemperaturen sind sorgfältig über den angegebenen Zeitraum einzuhalten. Den Saft keinesfalls länger als 4 bis 5 Minuten deutlich über 80 °C erhitzt werden, sonst schmeckt er wie Apfelmus.
- Schwimmdeckel leicht schräg aufsetzen und dann langsam absinken lassen, bis er auf dem Saft schwimmt.
- Nicht mit der Ölmenge sparen: Reißt der Ölfilm während der Saftentnahme (durch das Absinken des Saftes bleibt eine kleine Menge Öl an der Fasswand hängen), verdirbt der Saft innerhalb kürzester Zeit.
- Auf keinen Fall das abgekühlte Fass erschüttern – es kann eine Fehlgärung einsetzen, das Fass erwärmt sich stark und der Saft verdirbt.

Zuerst befestigen Sie am sauberen Schwimmdeckel alle Abstandshalter, anschließend nehmen Sie mit beiden Händen den Schwimmdeckel am Rand und setzen ihn leicht schräg zuerst mit der einen Seite auf den heißen Saft auf und senken dann die andere Seite langsam auf die Oberfläche ab – damit wird ein Lufteinschluss an der Deckelunterseite vollständig vermieden.
Ein paralleles Aufsetzen kann zu Folge haben, dass sich der Deckel bei Berührung mit dem heißen Saft leicht ausdehnt und nach innen „springt“,

d. h. er bildet eine Delle nach innen. In diesen kleinen Hohlraum ist Umgebungsluft mit den immer darin enthaltenen Bakterien und Sporen enthalten und kann den Saft infizieren. Nach ca. 2–3 Wochen ist der Saft dann ungenießbar geworden.
Der Deckel schwimmt nun luft- und keimfrei auf der Saftoberfläche. Jetzt muss das **Vaseline-Öl** in der richtigen Menge (Herstellerangaben beachten) in den Spalt zwischen Deckel und Fasswand eingebracht werden. Das Öl trennt den Saft von der Umgebungsluft und schützt auch dann noch, wenn der Flüssigkeitsstand während der Entnahme sinkt. Für das Einfüllen des Öls in den Spalt verwenden Sie am besten einen Messbecher und einen Trichter.

Fertig, jetzt noch den Fassdeckel aufsetzen und das Fass abkühlen lassen. Nach ein bis zwei Tagen kann der Saft entnommen werden. Der Saft hält sich bei richtiger Lagerung mindestens ein Jahr bei gleichbleibend guter Qualität. Während dieser Zeit sollte das Fass keine Erschütterungen erleiden, da der Ölfilm dadurch reißen kann und Keime in den Saft eindringen können: Der Saft verdirbt.

Und wenn etwas schief geht?

Die Korrekturmöglichkeiten zur Rettung des Saftes sind leider deutlich geringer als beim Gärmost.

Fehlerkompass Apfelsaft

Problem	Ursachen	Abhilfe
Saft schmeckt wie Apfelmus.	Die Erhitzungstemperatur war zu hoch und wurde zu lange gehalten.	Keine direkte Abhilfe möglich. Um den Saft nicht wegkippen zu müssen, kann er mit süßem Sprudel oder anderen Säften gemischt werden.
Die Deckel auf den Flaschen werden weggedrückt.	Die Erhitzungstemperatur war zu niedrig und die Haltezeit zu kurz. Der Saft gärt nach.	Keine befriedigende Abhilfe möglich.
Der Saft im Fass wird nach ca. 2 bis 3 Tagen warm. Es findet eine Gärung statt.	• Die Erhitzungstemperatur war zu niedrig. • Das Fass bekam einen Stoß oder wurde erschüttert.	Keine befriedigende Abhilfe möglich.
Der Saft im Fass wird nach ca. 1 bis 2 Wochen warm.	• Die Erhitzungstemperatur war zu niedrig. • Schwimmdeckel wurde falsch aufgesetzt. • Zuwenig Öl verwendet. • Fass und/oder Schwimmdeckel wurden unzureichend gereinigt. • Es wurde ein alter Ablaufschlauch verwendet. • Erschütterung des Fasses.	Da die Gärung sehr schnell fortschreitet, sind Rettungsmaßnahmen nicht möglich.

Wirtschaftlichkeit – Lohn der Mühen

Für den Hobbymoster stehen die kaufmännischen Kriterien und unternehmerischen Bedingungen sicherlich nicht an erster Stelle. Die Zeiten für den Arbeitseinsatz werden in Form von frischem, gut duftendem Presssaft, der in das Fass abgefüllt wird, dem Spaß an der Arbeit und natürlich dem Genuss des Produktes abgegolten. An zweiter Stelle sollten aber doch wirtschaftliche Überlegungen für die Sachinvestitionen stehen. Welche Überlegungen sollen für den Kauf des Saftes entweder im Getränke-, Einkaufsmarkt, in einer Mosterei oder Safterei oder für die Herstellung zu Hause zugrunde gelegt werden? Um eine **Wirtschaftlichkeitsbetrachtung** gesamtheitlich durchführen zu können, müssen:

- persönlicher Geschmack und Anspruch,
- Obstverfügbarkeit,
- Transportmöglichkeiten,
- Bedarf und die
- häuslichen Gegebenheiten

berücksichtigt werden. Die Frage, „Was ist mir das Hobby wert?" sollten Sie ehrlich beantworten.

In einer einfachen Gegenüberstellung sind die Aufwendungen für die eigene Herstellung von

- Gärmost,
- Apfelsaft und
- Bag-in-Box-Verfahren

ermittelt und zusammengestellt.

Die anfallenden Kosten trennen sich in die **veränderlichen Kosten** – die jedes Jahr unterschiedlich ausfallen können – für

- Obstbeschaffung und
- Pressen und

die **Fixkosten** – sie fallen nur einmal an und werden auf einen ganz bestimmten Zeitraum bezogen – für

- Lagerbehälter,
- Zubehör für Gär- und Süßmost und
- Werkzeuge.

Angenommen wurde ein Einsatzzeitraum von 12 Jahren und eine Bedarfsmenge von 300 Litern Apfelsaft (Basis ist eine Familie mit 2 Kindern) und 100 bis 120 Litern Most. Gegenübergestellt wurde der Kauf von fertigem Apfelsaft bzw. Most in Flaschen im Supermarkt. Bei den Bedarfsmengen handelt es sich um Annahmen, deren Werte je nach Trinkgewohnheit und persönlicher Situation natürlich stark schwanken können.

Anhänger-, PKW-, Zubehör-, Reinigungs- und Lagerraumkosten wurden in dieser vereinfachten Betrachtung nicht berücksichtigt. Der Ausbeutesatz wurde mit 75 Liter Saft pro 100 kg (75 %) Obst angenommen. Auf Basis dieser Vorgaben werden für die Herstellung von 300 Liter Apfelsaft etwa 400 kg Mostobst bzw. acht Zentner benötigt.

Preise von gekauften Säften aus dem Supermarkt:

- Naturtrüber Qualitätsapfelsaft in der Mehrwegflasche: 0,95–1,80 Euro/Liter (ohne Pfand)
- Gärmost, Appelwoi in der Mehrwegflasche: 1,00–1,30 Euro/Liter (ohne Pfand)
- Gärmost vom Fass aus der Mosterei gezapft: 0,65–0,80 Euro/Liter
- Apfelsaft ab Presse gekauft: 0,40–0,55 Euro/Liter

TIPP: Sie können Ihr Süßmostfass ganz einfach in ein Gärmostfass verwandeln. Dazu brauchen Sie nur einen Fassdeckel mit Dichtungsgummi, einen Spannring und einen Gärspund. Der Schwimmdeckel entfällt. Alle Artikel bekommen Sie beim Fasshersteller.

Zusammenstellung der wesentlichen wiederkehrenden und einmaligen Kosten für die eigene Herstellung

	Wiederkehrende Kosten, Stand 2006 (regional gutes Obstjahr)	Euro	Einmalige Kosten	Euro
Gärmostherstellung ca. 100 Liter	Kosten für Mostobst	8–10	Fass für Gärmost, Kunststoff, 120 Liter, neu	40–60
	Kosten für das Pressen	7–10	Zubehör: Gärspund, Fasshahn, etc.	10–12
	Reinzuchthefe, Schwefel, Sonstiges Anteilige Kosten pro 100 Liter	4,5–5,5		
	Summe 1:	19,5–25,5	Summe 2:	50–72
Süßmostherstellung ca. 300 Liter	Kosten für Mostobst, ca. 400 kg	32–40		
	Kosten für das Pressen, ca. 400 kg	25–35		
	Öl für Süßmostherstellung, 2 Liter für 300 Liter Saft	7–8	Edelstahlfass für süßen Apfelsaft, 300 Liter	250–300
	Energiekosten für die Aufheizung auf Pasteurisiertemperatur von ca. 78 °C	5	Tauchsieder für Safterwärmung 2,2 KW/3,3 KW, 230 Volt	80–220
			Standfuß für ein 300-Liter-Süßmostfass	35–40
	Summe 3:	69–88	Summe 4:	365–560
Bag-in-Box-Verfahren, ca. 300 Liter	Kosten für Mostobst, ca. 400 kg	32–40		
	Kosten für das Pressen, ca. 400 kg	25–35		
	Schlauchfolien 30 Stück à 10 Liter	30–39	Saftkocher	50–80
	Zwei Aufbewahrungskartons	3,4–4,0		
	Energiekosten für die Aufheizung auf Pasteurisiertemperatur von ca. 78 °C	5		
	Summe 5:	95,4–123,0	Summe 6:	50–80

Frischer Presssaft wird zu leckerem Gärmost.

Zusammenstellung der Kosten für einen Liter Gärmost

Wiederkehrende Kosten: Summe 1 in Euro	19,5–25,5
Einmalige anteilige Kosten (12 Jahre Nutzungsdauer) Summe 2 (geteilt durch 12)	4,1–6
Kosten in Euro für 105 Liter Saft	23,6–31,5
Kosten in Euro für einen Liter Gärmost	0,22–0,3

(Gärmost: Herstellung von 105 Litern pro Jahr, entspricht ca. 150 kg Mostobst)

Süßmostfass.

Zusammenstellung der Kosten für die Herstellung von 300 Litern Apfelsaft pro Jahr (entspricht ca. 400 kg Mostobst)

Wiederkehrende Kosten: Summe 3 in Euro	69–88
Einmalige anteilige Kosten (12 Jahre Nutzungsdauer) Summe 4 (geteilt durch 12)	30,4–46,6
Kosten in Euro für 300 Liter Apfelsaft	99,4–134,6
Kosten in Euro für einen Liter Apfelsaft	0,33–0,44

Das Bag-in-Box-Verfahren ist nicht teuer und der Saft lässt sich gut lagern und transportieren.

Kosten für das Bag-in-Box-Verfahren: Herstellung von 300 Litern pro Jahr

Wiederkehrende Kosten: Summe 5 in Euro	95,4–123
Einmalige anteilige Kosten (12 Jahre Nutzungsdauer) Summe 6 (geteilt durch 12)	4,1–6,6
Kosten in Euro für 300 Liter Saft	99,5–129,6
Kosten in Euro für einen Liter süßen Apfelsaft	0,33–0,43

KOSTEN SPAREN

- Durch eigenes Obst oder durch das Ausleihen von Geräten sowie durch Kauf von gebrauchten Fässern/Tauchsieder verringern sich die Kosten.
- Durch die Erhöhung/Verkleinerung der absoluten Fassgröße verringern bzw. erhöhen sich die Kosten pro Liter Gärmost oder Süßmost.
- Durch die richtige Festlegung des Fassraumes, ein großes Fass mit 300 Litern Inhalt kostet relativ weniger als drei kleine Fässer mit 100 Litern Inhalt.

Da die Energiekosten, der Obstpreis und die Lohnkosten Schwankungen unterliegen, können diese Kostenangaben nur als Orientierung für eine eventuell anstehende Entscheidung herangezogen werden. Durch den Kauf von gebrauchten Artikeln – wie z. B. Fässer, Tauchsieder, etc. – werden die Fixkosten deutlich reduziert.

ALTERNATIVE: TAUSCHVERFAHREN SAFT GEGEN OBST

Sie haben eigenes Obst, aber keine Zeit oder keinen Platz, um Saft selbst herzustellen? Dann bietet sich die Alternative „Obst gegen Saft“ an. Dieses Tauschverfahren zeichnet sich dadurch aus, dass das gesammelte Obst in der Mosterei oder Safterei abgegeben wird. Danach besteht die Möglichkeit, sich das Geld für die abgelieferte Ware zum Tageshöchstpreis auszahlen zu lassen, oder das Gewicht wird notiert und die zukünftigen Anlieferungen werden weiter dazugezählt. Am Saisonende wird das Gesamtgewicht ermittelt, mit einem Umrechnungsfaktor wird dann die Saftliterzahl, die zum reduzierten Kauf berechtigt, ermittelt. Diese Menge Saft kann dann mit einem Abschlag von ca. 15–25 % gegenüber der regulären Ware gekauft werden.

Selbermachen oder kaufen?

Die Wirtschaftlichkeitsbetrachtung zeigt, dass die eigene Herstellung von Most oder Saft gegenüber den qualitativ gleichwertigen, käuflichen Säften deutlich günstiger ist. Nicht in die Berechnung eingegangen sind in dieser Gegenüberstellung die Aufwendungen für die Arbeitsleistung, Raumkosten und sonstige Inventargegenstände.

Eine einfache Gegenüberstellung der Verfahren Bag in Box und der Herstellung von Apfelsaft im Edelstahlfass in Abhängigkeit von der Nutzungsdauer von 4, 8 und 12 Jahren zeigt einen Kostenvorteil des Bag-in-Box-Verfahrens. Erst sehr spät – ab dem 12. Jahr – sind die beiden Verfahren aus heutiger Sicht wirtschaftlich gleichwertig. Auch hier können die Angaben nur der Orientierung dienen, eine Verteuerung der Folienschläuche oder die Verbilligung von Fassmaterial und Zubehör verändern die Kosten deutlich.

Betrachtet man jedoch den **Zeitaufwand**, so ist dieser bei den beiden Verfahren sehr unterschiedlich. Während beim 300-Liter-Edelstahlfass nach spätestens 10 Stunden alles erledigt ist, wird man bei der Erhitzung der gleichen Menge Saft im 30-Liter-Saftkocher und anschließendem Abfüllen in die Folienschläuche mit ca. zwei Tagen Arbeitsaufwand rechnen müssen.

300 Liter süßer Apfelsaft im Bag-in-Box Verfahren

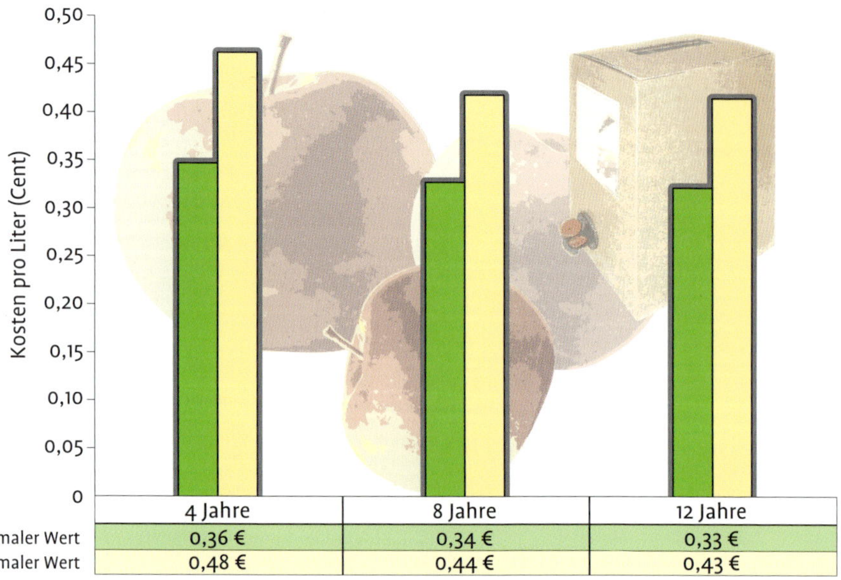

	4 Jahre	8 Jahre	12 Jahre
Preis pro Liter, minimaler Wert	0,36 €	0,34 €	0,33 €
Preis pro Liter, maximaler Wert	0,48 €	0,44 €	0,43 €

Maximale und minimale Kosten pro Liter Apfelsaft im Bag-in-Box-Verfahren bei einer Produktionsmenge von 300 Litern. Jeweils nach 4, 8 und 12 Jahren.

Gegenüberstellung der verschiedenen Verfahren und deren Kosten

Gärmost in der Flasche (ohne Pfand), Marktpreis im Getränkemarkt (Euro/Liter)	Gärmost selbst hergestellt (Euro/Liter)	Gärmost in der Mosterei selbst gezapft (Euro/Liter)
1,00–1,30	0,22–0,33*	0,65–0,8

Apfelsaft in der Flasche (ohne Pfand), Marktpreis im Getränkemarkt (Euro/Liter)	Apfelsaft, haltbar selber hergestellt im Edelstahlfass (Euro/Liter)	Apfelsaft ab Presse (Euro/Liter)	Bag-in-Box-Verfahren (Euro/Liter)	Apfelsaft im Tauschverfahren mit einem Abschlag 15–25 %
0,95–1,40	0,39–0,45*	0,4–0,55	0,33–0,43	0,98–0,82 (15/25 % auf 1,10 €) 1,19–1,05 (15/25 % auf 1,40 €)

*Würden nach 12 Jahren wieder alle Gerätschaften verkauft werden, so könnte, durch die Einbeziehung des Erlöses in die Wirtschaftlichkeitsbetrachtung, der Literpreis bei selbst hergestellten Gärmost und Apfelsaft reduziert werden.

300 Liter süßer Apfelsaft im Edelstahlfass

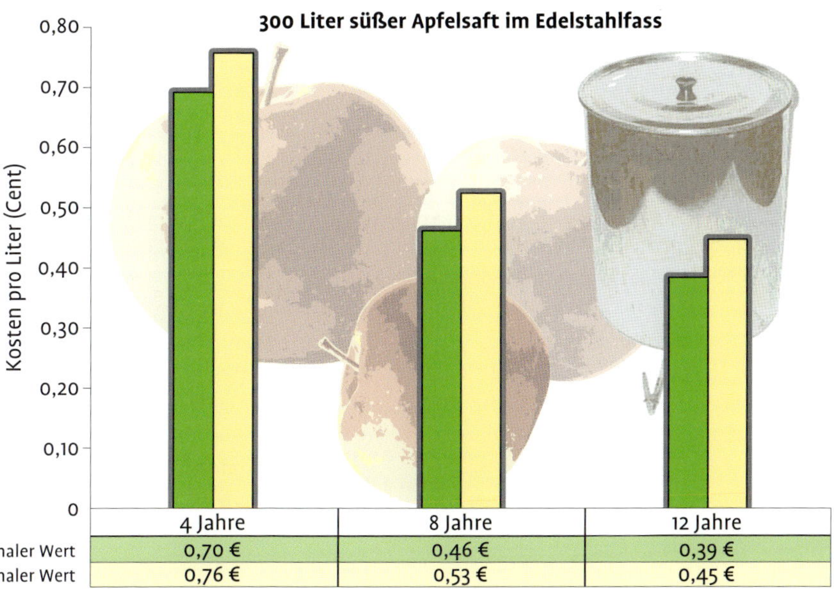

	4 Jahre	8 Jahre	12 Jahre
Preis pro Liter, minimaler Wert	0,70 €	0,46 €	0,39 €
Preis pro Liter, maximaler Wert	0,76 €	0,53 €	0,45 €

Maximale und minimale Kosten pro Liter Apfelsaft im Edelstahlfass bei einer Produktionsmenge von 300 Litern. Jeweils nach 4, 8 und 12 Jahren.

Trinken und genießen

Nach soviel Vorbereitung und Warten freuen Sie sich sicher auf den ersten Schluck des eigenen spritzigen Mostes oder des fruchtigen Apfelsaftes.

Die Farbe des **Apfelmostes** ist Gelb bis Dunkelgelb, er ist klar und von kräftigem Geschmack. Beim ersten Schluck kann es einen schon mal durchschütteln, aber das ist eher die Ausnahme.

Der reine **Birnenmost** ist von strohgelber bis gelbgrünlicher Farbe. Er ist leicht und süffig, aber bei Verwendung säurearmer Sorten nicht lange lagerfähig.

Ein Glas oder Krug Most passt sehr gut zu einem deftigen Vesper oder zu einem guten Braten. Und im Sommer kann das Glas Most – zur Hälfte mit Sprudel oder Limonade gefüllt – ein hervorragender Durstlöscher sein.

Frisch gepressten **Apfelsaft** nicht zu kalt und in zu großen Mengen trinken, er kann Geräusche im Bauch verursachen und die Nähe zu einer Örtlichkeit sehr wichtig werden lassen. Aber in Maßen getrunken und mit einem Stück warmen Zwiebel- oder Krautkuchen, frischen Brezeln und der Tag wird zum Genuss.

Der haltbar gemachte Apfelsaft kann sowohl pur als auch in Kombination mit verschiedenen anderen Säften getrunken werden. Hier sind der Fantasie fast keine Grenzen gesetzt.

Most und Apfelsaft sind aber noch wesentlich vielseitiger und können in den verschiedensten Rezept-Variationen eingesetzt werden.

Most-Aperitif

Einfach und schnell: Most und keinen ganz trockenen Sekt im Verhältnis 1:1 mischen.

Most-Bowle für 6–8 Personen

1,5 bis 2 Liter Most
6 bis 8 Äpfel (zusätzlich ist auch anderes Obst möglich: Birnen, Pfirsiche ...)
1 bis 2 Flaschen Mineralwasser
0,5 bis 1 Liter Apfelsaft
½ bis 1 Flasche Sekt
100 g Zucker

Obst schälen, in Scheiben oder Stücke schneiden und mit dem Zucker bestreuen. Anschließend das Obst in den Most geben und einige Stunden im Kühlschrank durchziehen lassen. Mit dem Mineralwasser, Apfelsaft und Sekt auffüllen und genießen!

Glühmost

200 bis 250 g Zucker,
alternativ braunen Kandiszucker
1 bis 2 Zimtstangen
1 bis 2 Liter Most
0,5 bis 0,75 Liter Apfelsaft
oder roten Johannisbeersaft
2 bis 3 Nelken
geriebene Schale einer ungespritzten Zitrone oder Orange, es sind auch je nach Geschmack und Phantasie feine Zitronen- oder Orangenscheiben möglich.

Nachdem alle Zutaten in den Most gegeben wurden, wird dieser unter leichtem Rühren stark erhitzt – nicht aufgekocht. Dann lässt man das

Ganze noch fünf Minuten ziehen. Der Glühmost wird heiß serviert. Durch Zugabe von Honig kann der Geschmack noch verfeinert werden.

Mostsuppe

Vorgestellt wurde dieses Rezept in der Fernsehsendung „,Was die Großmutter noch wusste“

Zutaten für 4 Personen:
Etwas Butter oder Butterschmalz
1 EL Mehl
1 mittlere Zwiebel fein gehakt
3 EL Selchspeck oder gerauchten Bauch
in kleinen Würfeln/Streifen
1 Karotte
½ Stange Lauch
1 kleine bis mittlere Knoblauchzehe
½ oder ganzen kleinen Sellerie
1 Kartoffel
0,2 bis 0,3 Liter Apfelmost
¾ Liter Wasser
Salz zum Abschmecken
Pfeffer
Muskatnuss
1 Bündel Schnittlauch
Geröstete Brotwürfel aus hellem
oder Vollkorntoast

Die Speckwürfel werden leicht in der Butter angeröstet, danach werden die fein gehakten Zwiebeln mit der gepressten Knoblauchzehe zusammen hinzugegeben. Nachdem die Zwiebeln glasig geworden sind, wird das Mehl in der Butter goldgelb angeröstet. Im Anschluss daran wird mit Most und Wasser abgelöscht. Das in Würfeln und Streifen geschnittene Gemüse in die Suppe geben und langsam weich kochen lassen. Abschmecken mit Salz, Pfeffer und Muskat. Vor dem Servieren mit den gerösteten Brotwürfeln und dem Schnittlauch bestreuen.

Apfelgelee

¾ Liter Apfelsaft
1 kg Gelierzucker
Saft einer Zitrone

Den Apfelsaft mit dem Gelierzucker kalt verrühren und die Mischung zum Kochen bringen. Etwa eine Minute kochen lassen, Zitronensaft hinzufügen, kräfitg umrühren und anschließend in saubere Gläser füllen.

Tipp: Statt Apfelsaft können auch Birnensaft oder eine Mischung aus Apfel- und Birnensaft verwendet werden. Durch Zugabe von ¼ Liter eines roten Fruchtsaftes (Johannisbeer- oder Kirschsaft) erhält das Gelee eine schöne, rötliche Färbung. Eine feine Note bekommt das Gelee durch Zugabe von ¼ Liter herbem Weißwein und zwei Vanilleschoten. Sie können Ihrer Fantasie also freien Lauf lassen!

Für einen **Kindergeburtstag** kann das nachfolgende Rezept empfohlen werden:

Bowle für Kids

1 Liter Wasser, Mineralwasser
½ Liter Orangensaft von guter Qualität
– es geht auch mit Kirschsaft
½ Liter Apfelsaft
5 Teebeutel Früchtetee
2 Teebeutel Glühfix
Zucker

Alle Zutaten miteinander vermischen, kalt stellen und in einer großen Bowleschüssel mit Schöpflöffel servieren.

Apfelgedicht

Eines musst Du Dir gut merken,
wenn Du schwach bist: Äpfel stärken!
Äpfel sind die beste Speise
für zu Hause, für die Reise,
für die Alten, für die Kinder,
für den Sommer, für den Winter,
für den Morgen, für den Abend.
Äpfel essen ist stets labend!
Äpfel glätten Deine Stirn,
bringen Vitamine ins Gehirn.

Äpfel geben Kraft und Mut
und erneuern Dir Dein Blut.
Auch vom Most, sofern Dich dürstet,
wirst Du fröhlich, wirst Du lustig.
darum Freund, so laß Dir raten:
Esse frisch, gekocht, gebraten,
esse täglich ihrer fünf bis zehn;
wirst nicht dick, doch jung und schön
und kriegst Nerven wie ein Strick.
Mensch, im Apfel liegt Dein Glück!

(Autor unbekannt)

Verzeichnisse

Glossar

Alkohol Im Most oder Apfelwein zwischen 4 bis 8 Vol.%. Er wird bei der Gärung durch die Umwandlung von Zucker gebildet.

Alternanz Wiederkehrende, schwankende Blütenbildung bei Obstbäumen. Nach einem ertragreichen Jahr sind im Folgejahr kaum Blüten angesetzt. Die Ursache liegt im Wuchsstoff-Hemmstoff-Haushalt des Baumes, des Frucht-Blattverhältnisses und im Nährstoff- Wasserhaushalt.

Ausbeutesatz Das Verhältnis zwischen dem eingesetzten Obst und der sich daraus ergebenden Menge Saft. Die Angabe des Ausbeutesatzes erfolgt in Prozent.

Ausbauen Unter dem Ausbauen des Mostes versteht man die evtl. notwendige Korrektur von Zucker und Säure, das Klären bzw. Filtrieren. Ziel ist ein gut aussehender, harmonisch schmeckender Apfelwein.

Aroma- und Bukettstoffe Flüchtige Geruchs- und Geschmacksstoffe, die sich erst bei der Gärung bilden und dem Getränk seinen Charakter geben.

Einmalige Kosten Fixkosten, die einmalig über die gesamte Nutzungsdauer anfallen.

Farbstoffe Aus den Schalen des gepressten Obstes ergibt sich die gelblichgrüne oder goldgelbe Farbe des Mostes.

Gärung Chemischer Prozess, bei dem der Zucker im Saft in Alkohol umgewandelt wird.

Gebrochen Ausdruck für das vorsichtige Abbrechen des Apfels oder der Birne vom Ast.

Gerbstoffe Gerbstoffe sind Bestandteile der Früchte. Sie machen den herben Geschmack von Süß- und Gärmost aus.

Gewachsener Boden Nicht bearbeiteter, anstehender Boden.

Kaliumdisulfit/Kaliumpyrosulfit Schwefelpräparat mit unterschiedlichen, herstellerbedingten Bezeichnungen.

Kaltgärhefe Hefeart, die auch noch bei niedrigen Temperaturen (bis +6 °C) noch Zucker in Alkohol umwandelt.

Kohlensäure (CO_2) Entsteht bei der Gärung. Ein geringer Anteil verbleibt nach der Gärung im Obstwein/Most gelöst und ergibt den prickelnden Geschmack.

Maische Zerhäckseltes oder zerrissenes Obst, das noch aus kleinen, maximal fingernagelgroßen Fruchtstücken besteht.

Mostgewicht Das Mostgewicht gibt den Anteil des Zuckergehaltes in % oder Gramm pro Liter an.

Oechsle-Grade Maßeinheit für das Mostgewicht. Angabe des Zuckergehaltes in Grad Oechsle. Benannt nach dem Pforzheimer Mechaniker Ferdinand Oechsle.

pH-Wert Ein pH-Wert von 7 bedeutet „neutral“. Ein Wert >7 geht in Richtung laugenhaft und <7 in Richtung sauer. Der pH-Wert der meisten Säfte liegt zwischen 3,0 und 4,0.

Refraktometer Optisches Messinstrument zu Bestimmung des Zuckergehaltes im frischen Saft.

Reißen Unter Reißen wird das Zerkleinern des Obstes in einer Mühle verstanden. Die sich daraus ergebende Masse wird dann Maische genannt.

Trester Ausgepresste Obstrückstände, die in der Mosterei anfallen.

Trubstoffe Kleinste, feine Obstpartikel in unterschiedlicher Größe, die im Saft schwimmen.

Wasser Die geernteten Früchte enthalten bis zu 90 % Wasser bzw. Fruchtsaft.

Wiederkehrende Kosten Veränderliche Kosten, die sich pro Zeitabschnitt, Saison, Jahr wiederholen. Die Kosten können in jedem Zeitabschnitt aber anders ausfallen, z. B. Obstpreise.
Zentner Alte Maßeinheit für 50 Kilogramm.

Bezugsquellen

Kellereiartikel für den Hobby- und Profibereich:
Paul Arauner GmbH & Co. KG
Kellereiartikel
Wörthstr. 34-36, 97318 Kitzingen
Tel. 09321-135013; www.arauner.com

Bockmeyer Kellereitechnik GmbH
Zementwerk 3, D-72622 Nürtingen
Tel. 07022-93343-0; www.bockmeyer.de

Holzeis Kellereibedarf Knopf GmbH
Gurkgasse 16
A-1140 Wien
Tel. 0043-1786 52 37; www.holzeis.at

rekru GmbH
Brennerei-, Kellerei- und Mostereibedarf
Betznauer Str. 28, 88079 Kressbronn
Tel. 07543-7744 oder 42; www.rekru.de

Kellereiartikel, Kunststoff-, Edelstahl- und Druckmostfässer. Kleine Hausmostereipressen sowie Pack- und Korbpressen:
Rink-GmbH
Wangener Str. 18, 88279 Amtzell
Tel. 07520-6145; www.rink-gmbh.de

Pressen und Zubehör für den Neben- und Haupterwerb:
KVT Käding-Verfahrens-Technik GmbH
79199 Kirchzarten/Freiburg
Tel. 07661/7988; www.k-vt.de

Süß- und Gärmostfässer, Kellereiartikel:
Speidel Tank- und Behälterbau GmbH
Tübinger Str. 14, 72131 Ofterdingen
Tel. 07473-9462-0; www.speidel-behaelter.de

Kleine Pasteurisieranlagen für das Abfüllen in Flaschen.
Mabo Steuerungselemente GmbH:
Lohmühlstr. 1, 75031 Eppingen
Tel. 07262-60960; www.mabo-se.de

Kunststofffässer und Zubehör für den Gärmost:
Baywa Gruppe
In größeren Gemeinden und Städten vertreten
www.baywa.de

Hornbach Filialen
In vielen Städten und Gemeinden
www.hornbach.de

Obst- und Beerenpressen, Mostereizubehör für den Hobbybedarf:
Vierka GmbH & Co
Kleinbardorfer Str. 4, 97628 Bad Königshofen
Tel. 09761-91880; www.vierka.de

Zubehör für die Gär- und Süßmostherstellung einschließlich Pack- und Korbpressen für den Hobbybereich:
Pasta-Noris
Elsa-Brändström-Str. 68, 90431 Nürnberg
Tel. 0911-651458; www.pastanoris.de

Mostereizubehör und Pressen für den Neben- und Hauptbetrieb:
Voran Maschinen GmbH
A-4632 Pichl/Wels
Tel. 0043-(0)7249-444-0; www.voran.at

Literaturverzeichnis

Binder, M., Fruchtwein, Most und Säfte, BLV-Verlag, München, 2004.
Cerny, Brachner, Der Most – Taufpate einer Region, Hrsg. Verein zur Föderung der heimatkundlichen Forschung im Bezirk Amstetten, 2003.
Hagmann, K., Essich, B., Obst brennen, Ulmer, Stuttgart, 2006.
Hartmann, W., Farbatlas alte Obstsorten, Ulmer, Stuttgart, 2004, 2. Auflage.
Koska, B., Wagner, F., Von Apfel bis Zwetschge, Regionalverband Neckar-Alb und Kreisverband der Obst- und Gartenbauvereine Reutlingen e.V., 2005.
Mangold, G., Most – das Buch zu Apfel- und Birnenwein, Silberburg-Verlag, Tübingen, 2003.
Most und Weinfibel für Hobby-Kellermeister, VINA-Hefereinzucht Schlag GmbH Aalen, 2001, erweiterte Auflage.
Müller-Urban, K., Das Apfelwein-Kochbuch. Societäts-Verlag, 2004.
Silbereisen, R., Götz, G., Hartmann, W., Obstsorten-Atlas, Ulmer, Stuttgart, 2., überarb. und erw. Auflage, 1996.
Schobinger, U., Frucht- und Gemüsesäfte, Ulmer, Stuttgart, 2001, 3., überarbeitete und aktualisierte Auflage.
Stückler, K., Der Most – Gärmost und Süßmost, Stocker-Verlag, Graz, 1997, 4. Auflage.
Thönges, H., Fruchtsäfte, Weine, Essig und Liköre. Ulmer, Stuttgart, 2002, 4. Auflage.
Vogel, W., Wein aus eigenem Keller, Ulmer, Stuttgart, 7. Auflage.
Vötsch, J., Obstsäfte, Stocker-Verlag, Graz, 1998, 2. Auflage.
Winter, F., Lucas Anleitung zum Obstbau, Ulmer, Stuttgart, 2002, 32. Auflage.

Zeitschriften

Obst und Garten, Gesunder Apfelsaft, Ausgabe, 12/2005.
Getränkefachgrosshandel, Kultur- und Wirtschaftsgeschichte des Apfels und der Apfelgetränke, Heft 9, 2001.
Lebensmittelpraxis, Knackig, rund und gesunde Äpfel, Heft 16, 2000.

Internetlinks

http://www.gartenbauvereine.org
Praktische Tipps zur Herstellung von Apfelwein.

http://www.nabu.de
Ausgabe 3/2004 Flüssiges Obst.

http://www.br-online.de/freizeit/querbeet/ratgeber/mosten_spezial.html
Ratgeber Äpfel und Birnen – Mosten nach Profiart.

http://www.hr-online.de/website/rubriken/freizeit
Äppler, Rauscher, Schoppe. Was ist Apfelwein?

http://lexikon.freenet.de/Apfelwein
Was ist Apfelwein?

http://www.apfelwein-pur.de
Alles über den Apfelwein.

http://www.abseits.de/apfelwein.htm
Alles über den Apfelwein, Cidre, Cider. Hersteller und Vertrieb.

http://www.swr.de/kaffee-oder-tee/tipps-tricks/wein
Wein aus Äpfeln.

http://www.apfelweinwirte.de/
Information über die Herstellung, Kontrolle, Qualität von Apfelwein.

www.mostakademie.de
Alles Wissenswerte rund um den Most.

Bildquellen

agrarfoto.com: Seite 4, 21
digitalstock: Seite 69
Prof. Dr. Fischer, Manfred: Seite 12 (oben, unten)
Flayols, G./photocuisine/Corbis: Titelfoto
Dr. Hagmann, Klaus: Seite 36, 40
Dr. Hartmann, Walter: Seite 12 (Mitte oben), 14 (4)
Pixelio.de: Seite 49
Dr. Morhard, Jörg: Seite 8, 9, 17 (2), 20, 53 (2), 62 (unten)
Reinhard, Hans: Seite 11, 18, 24, 29, 57, 63
Schwarz, G.: Seite 12 (Mitte unten)
Speidel Tank- und Behälterbau GmbH: Seite 50, 62
Volk, Fridhelm: Seite 44, 67
Alle anderen Fotos stammen vom Autor.
Grafiken: Helmuth Flubacher, Waiblingen

Haftung: Autor und Verlag haben sich um richtige und zuverlässige Angaben bemüht. Fehler können jedoch nicht vollständig ausgeschlossen werden. Eine Garantie für die Richtigkeit der Angaben kann aber nicht gegeben werden. Haftung für Schäden und Unfälle wird aus keinem Rechtsgrund übernommen.
Hinweis: Der Verlag ist nicht verantwortlich für den Inhalt von Links.

Register

Bibliografische Information der Deutschen Nationalbibliothek
Die Deutsche Nationalbibliothek verzeichnet diese Publikation in der Deutschen Nationalbibliografie; detaillierte bibliografische Daten sind im Internet über http://dnb.d-nb.de abrufbar.

Wollgrasweg 41, 70599 Stuttgart (Hohenheim)
E-Mail: info@ulmer.de
Internet: www.ulmer.de
Lektorat: Antje Springorum
Fachberatung: Dr. Jörg Morhard
Herstellung: Silke Reuter
Umschlagentwurf: Atelier Reichert, Stuttgart
Satz: Typomedia GmbH, Ostfildern
Reproduktion: TBM, Remseck
Druck und Bindung: Friedrich Pustet, Regensburg
Printed in Germany

ISBN 978-3-8001-5439-5